공무원
탐구생활

공무원 탐구생활

초판 1쇄 발행 2018년 7월 1일

지 은 이 김광우
발 행 인 권선복
편　　집 천훈민
디 자 인 서보미
전 자 책 천훈민
발 행 처 도서출판 행복에너지
출판등록 제315-2011-000035호
주　　소 (07679) 서울특별시 강서구 화곡로 232
전　　화 0505-613-6133
팩　　스 0303-0799-1560
홈페이지 www.happybook.or.kr
이 메 일 ksbdata@daum.net

값 15,000원

ISBN 979-11-5602-615-0　　　03190

도서출판 행복에너지는 독자 여러분의 아이디어와 원고 투고를 기다립니다. 책으로 만들기를 원하는 콘텐츠가 있으신 분은 이메일이나 홈페이지를 통해 간단한 기획서와 기획의도, 연락처 등을 보내주십시오. 행복에너지의 문은 언제나 활짝 열려 있습니다.

다양한 시각으로 풀어 보는

공무원
탐구생활

김광우 지음

도서
출판 행복에너지

목차

공무원은 결코 좋은 직업이 아니다

공무원의 일은 주어진 시간에 비례한다

공무원스럽다

공무원 시험은 여성을 차별하지 않는다

청렴영생(淸廉永生),
부패즉사(腐敗卽死)

전쟁도 병사 부모의 동의를 받아야 하는가

직업으로서의 공무원

Part 1

공무원은 결코
좋은 직업이 아니다

공무원은 결코 좋은 직업이 아니다. 하지만 수많은 젊은이들은 공무원 시험 준비에 목숨 걸다시피 하고 있다.

2017년 4월 치러진 7급 공무원^{국가직} 공채시험에 전국에서 17만 명이 응시했다. 선발 예정 인원은 총 4,910명으로서 평균 경쟁률 35 대 1, 합격률은 2.9%이다. 결시율을 대략 25%로 보면 실질 경쟁률은 26대 1, 합격률은 3.8%이다. 4,900명이 합격하고 16만 5,000명이 떨어지는 시험이다.

2016년 9월 국가공무원 공개채용 시험에서 18~19세 응시자는 3,156명이었다. 고등학교 교복 입은 공시생^{공무원 준비생}들도 늘고 있다. 공딩족^{공무원 시험 준비하는 고등학생}이란 말까지 생겨났다. 2017년 5급 공무원^{행정} 공채시험 최종합격자 275명 중에서 최고령자는 39세였다. 같은 해 7급 공채시험에서 최고령자 합격자는 59세, 9급의 경우는 58세였다. 40~50대에 공무원 시험에 합격한 것은 이제 뉴스거리도 되지 않는다.

2017년 4월 남 모 씨^{당시 25세}가 고속도로 휴게소에서 목숨을 끊는 사건이 있었다. 그는 2014년부터 3년여 동안 서울 노량진에서 경찰공무원 시험 준비를 하였다. 2017년 3월 18일 시행된 경찰공무원 순경 공채 필기시험에서 낙방한 그는 고향으로 가던 중 극단적인 선택을 한 것이다.

시험에 떨어지면 아무짝에도 쓸모없는 것이 공무원 시험 과목이다. 시험경쟁률이 높다보니 한 문제로 합격의 당락이 갈린다. 따라서 만점 방지용 문제가 출제되기도 한다. 그렇다보니 틀리라고 낸 문제, 치졸한 문제, 허접하고 지엽적인 문제가 출제되기도 한다. 이를 풀기 위해 40여만 명의 공시생들이 수험서에서 눈을 떼지 못하고 있다. 공인중개사 시험 과목은 살아가는 데_{부동산 거래} 도움이 되기라도 하지만 공무원 시험은 그렇지 않다. 하지만 지금 이 순간에도 많은 젊은이들이 공무원 시험 준비에 끝 모를 수험생활을 이어가고 있다.

젊은이들이 바보라서 공무원 되겠다고 목숨 걸고 있는 것은 아닐 것이다. 한국에서 공무원은 특권 계급화돼 가고 있다는 지적도 있다. 직업의 안정성, 신분 보장, 일과 삶의 균형, 평균 이상의 생애소득과 연금, 각종 복지 제도 등을 그 이유로 들고 있다.

하지만 공무원은 생각하는 만큼 좋은 직업이 아니다. 공무원이 되면 좋은 점을 10가지 이상 들 수 있지만 여기서는 단점만을 이야기한다. 민간 기업과의 상대 비교가 아니라 직업으로서의 공무원을 절대 평가해 본다.

첫째, 정치가 행정을 압도하고 있다. 정치권이 정부에 대해, 국회가 행정부에 대해 사사건건 간섭하고 있다. 사회적으로 민감한 정책일수록 정치 논리가 우선한다. 정책이 정치화되면 정쟁에 휘말린다. 5년마다의 대통령 선거에서 정권 교체가 이루어지면 정부 각 부처의 정책 기조가 근본에서부터 확 바뀐다. 새로운 대통령이 취임하면 장·차관은 물론이고 고위 공무원들에게 인사 태풍이 몰아친다.

대선 캠프 근무 등 정치적 배경이 없으면 장·차관급 정무직 공무원이 되기 힘들다. 정무직의 경우 정치적 임용^{political appointee}이 점점 많아지고 있다. 직급이 높아질수록 관료들의 정권 눈치 보기는 심해진다. 관료 사회에서는 이것을 '정무적 감각'이라고 한다. 눈치 보기를 잘했기 때문에 직급이 높아졌는지, 직급이 높기 때문에 눈치를 봐야 하는지 모르겠다.

새로운 정권이 들어설 때마다 공무원은 개혁의 주체라기보다는 개혁의 대상이 된다. 제대로 된 개혁을 위해서는 각 부처 공무원들에게 맡겨서는 안 되고 청와대가 주도해야 한다는 인식이 지배적이다. 이러한 선출된 정치권력에 의한 관료에 대한 불신은 5년마다 경험하는 일이다. 청와대에서 정책의 틀과 방향이 정해지면 각 부처의 공무원들은 거기에 내용을 채우는 식으로 일하는 분위기다.

헌법 교과서는 국회와 행정부를 '견제와 균형^{check and balance}'의 관계라고 하는데 언제부턴가 기울어진 운동장이 되었다. 국회의원만 되면 장·차관에게 호통치려고 한다. 예산과 입법 과정에서 국회의 영향력은 점점 커지고 있다. 오늘 이슈가 터져서 뉴스에 나오면 내일 의원입법이 뚝딱 발의된다. 법안의 내용보다는 일단 내고 보자는 식이고 문제가 있으면 상임위원회 심의 과정에서 고치면 된다는 식이다. 이러한 의원 입법안에 대해 행정부 공무원들은 문제점을 개선하기 위해 전방위로 뛰어다녀야 한다. 행정부 공무원들이 국회에 드나드는 일도 많아지고 있다. 국회의원들뿐만 아니라 국회 예산정책처^{2003년 설립}와 입법조사처^{2007년}까지 행정부의 상전 노릇을 하고 있다. 행정부 공무원이 정부 정책을 결정하고 집행한다는 것은 교과서에나 나오는 이야기가 되었다.

둘째, 시민단체와 이익단체들이 정부 정책에 관여하는 정도가 심해지고 있다. 수많은 이해관계자들로 구성되는 정책집단^{policy community}의 공감대가 더욱 중요해졌다. 사회적 합의와 협치를 추구한다고 하지만 '떼쓰기'와 '소집단 이기주의'가 만연하고 있다. 시민단체와 이해관계자들이 동의하지 않으면 정부가 제대로 할 수 있는 일이 없다. 갈등관리는 공무원이라면 피할 수 없는 과제가 되었다. 30여 년 전엔 공무원이 국가의 발전을 책임진다는 사명감이라도 있었는데 지금은 찾아보기 힘들다.

사회가 다원화되고 거버넌스^{governance}가 변화하는 과정에서 정부의 리더십이 현저히 약화되고 있다. 이러한 현상이 바람직한가 여부는 논외로 하자. 이 과정에서 공무원들은 점점 일하기 힘들어지고 있다. 공무원의 권한은 줄어들고 책임은 무한대다. 사건 사고가 발생하면 국가^{정부 및 공무원}의 책임과 개인의 책임을 구분하기보다는 정부에게 모든 책임을 물으려는 것이 지금 우리 사회의 분위기다.

셋째, 많은 공무원들이 언론과 소셜미디어^{SNS}에 시달리고 있다. 소셜미디어 덕분에 많은 사람들이 저마다의 방송국을 가지고 있다고 해도 과언이 아니다. 모든 정보가 실시간으로 유통되다 보니 조그마한 잘못이 그대로 국민들에게 알려지고 있다. 사건 사고가 있을 때마다 가짜 뉴스와 싸워야 한다. 2015년 메르스 사태, 2014년 세월호 참사, 2010년 천안함 사건 등에서 공무원들은 가짜 뉴스와 싸우느라 고전했다.

그리스 신화에는 머리 9개 달린 히드라라는 뱀이 나온다. 히드라의 머리를 하나 자르면 두 개가 생겨난다. 헤라클레스가 칼을 두 번 휘둘러 머리 두 개를 베었을 때 히드라의 머리는 11개가 되었다. 가짜 뉴스는 히드라같이 죽이기 힘들다. 기업의 경우도 예외는 아니지만 정부 정책의 보편성과 투명성 때문에 공무원들은 더 많이 소셜미디어에 노출되어 있다.

넷째, 우리나라 공무원 조직은 아직도 많이 관료화되어 있다. 우리 사회의 각 부분은 민주화되고 분권화되었지만 공무원의 조직문화는 변화의 속도가 매우 느리다. 공무원 사회는 위계질서가 엄격하며 상명하복 관계와 하향식^{Top-Down} 분위기가 지배적이다. 기업과 비교하면 일하는 방식도 구태의연하다. 보고서에 목숨 걸고 있고 열심히 일한다는 모습을 보여 주어야 한다. 공직에 오래 있을수록 비자발적 근면성이 몸에 배어 간다.

삼성전자 사장을 하다 초대 정보통신부 장관을 지낸 진대제 전 장관은 이렇게 말했다. "기업^{삼성}에서는 10번 실패하더라도 한 번

성공하면 높이 평가받지만 공무원들은 10번 잘하다가도 한 번 잘 못하면 그대로 물러난다." 공무원들은 큰 성공보다는 작은 실수라 도 하지 않기 위해 노력한다.

요즘 글로벌 기업들은 파괴적 혁신을 위해 경쟁에서 모험으로 패러다임의 전환을 시도하고 있다. 퍼스트 펭귄first penguin이란 말이 있다. 불확실하고 리스크가 있는 상황에서 과감히 도전하는 사람을 말한다. 기업들은 퍼스트 펭귄 같은 인재를 강조한다. 하지만 공직 사회에서 퍼스트 펭귄 같은 공무원은 또라이로 찍히기 십상이다. 이런 분위기하에서 공무원들에게 도전과 창의를 기대하는 것은 불 가능하다. 창의적인 공무원은 모난 돌 정 맞는 격이 되기 십상이다. 어느 공무원에게 "당신은 창의적이다"라고 하면 결코 칭찬이 아닐 수 있다. 상하좌우 분위기 잘 살피면서 튀지 않고 실수하지 않는 것이 공직자로서 장수하는 비결이다.

다섯째, 승진이 점점 힘들어지고 있다. 공무원은 승진하는 맛에 산다고 하지만 승진이 과거와 달리 어려워지고 있다. 공채시험뿐 만 아니라 경력채용제, 개방형 임용제 등으로 공무원이 될 수 있는 길이 여러 갈래가 되었다. 2016년 신규 채용된 공무원 8,644명 중 에서 공개채용공채된 인원은 3,711명으로 전체의 43%였으며 경력 채용경채은 4,933명으로서 57%였다. 공채보다 경채가 더 많았다. 이러한 추세는 2010년부터 계속되고 있다. 과거엔 공개경쟁채용 시험뿐이었고 시험에만 합격하면 웬만큼은 승진할 수 있었다. 하 지만 이제 공무원 충원 방식이 다양화되다 보니 과거와 같이 때 되면 쑥쑥 승진하는 것이 힘들어졌다. 공채는 공채끼리, 경채는 경채끼리, 그리고 공채와 경채끼리 승진 경쟁을 해야 하는 상황이다.

5급 공채 시험에 합격해도 국장·실장까지 올라가기가 힘들어졌다. 한 직급 승진하는 데 걸리는 시간이 점점 길어지고 있다. 과거엔 40대 장관이 나오기도 했지만 지금은 불가능하다. 사회 전체가 고령화되다 보니 공무원 사회도 고령화되고 있고 따라서 인사 적체가 심해지고 있다.

여섯째, 공무원이 되면 '저녁이 있는 삶'을 살 수 있다고? 천만의 말씀이다. 중앙부처의 경우 칼퇴근보다는 야근을 밥 먹듯 하는 공무원들이 더 많다. 2017년 1월 보건복지부 기초의료보장과에 근무하는 사무관 C씨가 정부세종청사 계단에서 사망한 채 발견되었다. 2살, 4살, 6살의 세 아이를 둔 엄마였다. 그녀는 1월 14일 토요일에도 근무하고 사망 당일인 1월 15일 일요일에도 새벽 5시에 출근했다고 한다. 그녀는 평일에도 밤 9시 전에는 퇴근한 적이 없었다.

2016년 12월 고용노동부 서울남부지청 소속 권 모 과장[57]이 뇌출혈로 쓰러졌다. 그리고 3개월 만인 2017년 3월 3일 사망했다. 36년간 고용부에서 근무하다 과장으로 승진한 뒤 야근과 휴일 근무가 많았다고 한다.

일곱째, 공무원들의 사기가 점점 떨어지고 있다. 세월호 사건 이후 공무원을 보는 국민들의 시선은 나빠질 대로 나빠졌다. 공무원들은 국민들로부터 존경받는다는 생각을 버린 지 오래다. 공무원 연금 개혁, 세종시 이전, 권한의 축소와 책임의 증가, 관피아 등으로 공무원의 자긍심은 쪼그라들고 있다. 중앙행정기관 소속 공무원의 2/3은 세종시와 대전시에 근무하고 있다. 잦은 서울 출장, 가족과의 떨어진 생활, 외부와의 단절, 좁아져만 가는 인간관계, 평생 충청권에서 살아야 한다는 생각 등으로 자긍심은 줄어들고 피로감은 누적되고 있다.

 여덟째, 일하는 방식은 힘들고 복잡해지는 반면, 개인적 능력 신장은 쉽지 않다. 성과관리와 업무평가, 감사, 재정관리 방식의 복잡화, 밀려드는 국회 업무, 역량 평가 등으로 일하기는 힘들어지고 있다. 공직에 입문할 때는 A급 인재라는 소리를 듣기도 했는데 관료조직에 오래 몸담고 보니 B급 인재가 되어버렸다는 볼멘소리도 있다. 치열한 경쟁을 뚫고 시험에 붙었을 때는 과거 급제했다고 주변으로부터 축하도 받았지만 그게 아니라는 것을 깨닫는 데는 오랜 시간이 걸리지 않는다.
 기업에서 잘나가는 동기들은 세계를 무대로 비즈니스를 하고, 연봉이 억대 수준이라는 이야기를 들을 때마다 공무원들의 어깨는 축 늘어지기만 한다. 공무원이 될 때는 주위에서 호랑이라고 평가해 주었는데 이제와 보니 고양이가 되었다는 자괴감이 쓰나미 같이 몰려온다. 집과 사무실만을 오가는 평범한 샐러리맨으로 전락하고 있는 모습을 보고 공직에 들어온 후 지금까지를 돌아보아도 무엇을 잘못했는지 알 수가 없다. 새로운 길을 찾으려는 노력을 하기엔 지금까지의 공직생활이 아깝기도 하고, 이미 관료화된 모습으로 민간 부문으로 이직하려니 두렵기만 하다.

지금 이 순간에도 공무원 시험에 올인 하고 있는 젊은이들, 고등학교만 졸업하면 공무원이 되어야겠다고 생각하는 젊은이들이 20만 명이 넘는다는 이야기를 들을 때마다 '이게 아닌데…'라는 생각이 든다. 쪽방에서 잠자고 컵밥 먹어가면서, 시험에 낙방하면 아무짝에도 쓸모없는 공무원 시험 과목 준비에 청춘을 바치는 젊은이들이 안타깝기만 하다.

다음은 「공무원노조 진군가」 가사 중 일부다. "정권의 하수인은 이제는 그만. 공무원도 일하는 노동자다. 관료사회 부속품은 이제는 그만. 지난 반세기 우리의 역사는 눈물과 한숨으로 얼룩져 왔다."

공무원의 일은
주어진 시간에 비례한다

공무원 100만 명 시대다. 정확히 104만 6,487명이다^{2016년 12월 말}
기준, 군인 제외. [1]

이는 우리나라 인구의 2.0%에 해당한다. OECD 회원국의 인구
대비 공무원 비율은 약 7% 수준이라는 통계도 있지만 어디까지 공
무원으로 보느냐에 따라 달라질 수 있고, 나라마다 사정이 있기 때
문에 국제적 비교에는 한계가 있으며, 외국의 비율을 우리가 따라
야 할 이유도 없다.

공무원 104만 명 중에서 행정부 소속 국가공무원이 전체의 62%
인 65만 149명, 지방공무원이 전체의 35%인 37만 1,253명이다.
나머지는 국회 소속 4,300명, 사법부 1만 7,439명, 헌법재판소
320명, 중앙선거관리위원회 3,026명 등이다. 국가공무원 중에서
가장 많은 것은 교육공무원 36만 명, 일반직 16만 명, 경찰 12만
5천 명 순이다. 국가공무원의 55%가 교육직, 19%가 경찰이다.

2007년부터 2016년까지 10년 동안 행정부 소속 국가공무원의 정원은 7.8% 증가하였다. 2007년 60만 3,131명에서 2016년 65만 149명으로 4만 7,018명 늘어났다. 기간 중 일반직 공무원은 약 1만 7천 명 증가한 반면 교육공무원은 1만 1,834명 증가하였다.[2] 2013년 직종 개편에 따라 기능직과 계약직은 일반직으로 별정직은 일반직과 별정직으로 개편되었다. 이에 따른 정확한 통계가 부족하여 대략 계산하였다.

　　출산율 저하로 학령인구가 급감하고 있는데 교육공무원이 가장 많이 증가한 것에 대해서는 생각해 볼 여지가 있다. 정부는 2018년에 국가직 공무원 3만 7,985명을 신규 채용할 계획이다 지방직 공무원 2만 5,692명 별도 증원. 이는 지난 10년간 공무원 증원 규모와 거의 비슷한 규모다. 문재인 정부는 2022년까지 공무원 17만 4,000명 증원을 핵심 공약으로 내걸고 있다.

　　국가공무원 65만 명 중 여성은 32만 3,575명으로 전체의 절반 49.8%을 차지하고 있다. 여성공무원의 비율은 꾸준히 증가하고 있다. 2012년 48.1%, 2013년 48.1%, 2014년 49.0%, 2015년 49.4%, 2016년 49.8%로 대략 절반을 유지하고 있다. 여성 공무원 비율이 가장 많은 곳은 교육직이다. 여성 교육공무원은 25만 3,974명으로 전체 교육공무원의 70퍼센트를 차지하고 있다. 그 다음으로 일반직 공무원의 34.6% 외무공무원의 32.9%, 검사의 28.8%, 경찰공무원의 10.3%가 여성이다.

　　국가공무원 행정직, 현원의 직급별 분포는 피라미드가 아니라 가운데가 불룩한 항아리형 구조다. 6급과 7급 공무원이 절반 이상을 차

지하고 있다[56.2%]. 이렇게 보면 우리나라 행정은 주사 행정이라고
해도 과언이 아니다.

4급 4,483명[4.8%]

5급 10,422명[11%]

6급 21,259명[22.6%]

7급 29,791명[31.6%]

8급 18,889명[20%]

9급 9,352명[10%]

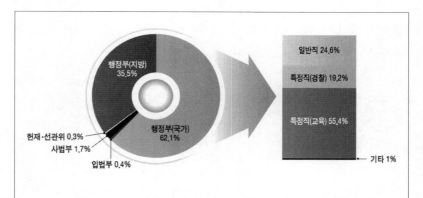

우리나라 공무원 104만 6,487명의 구성비. 전체 공무원의 62%가 행정부 소속 국가공
무원이며 지방공무원은 35%이다. 국가공무원 중 교육공무원은 전체의 55.4%, 경찰공무
원은 19.2%이다. 『2017 인사혁신 통계연보』 참조.

행정·기술·관리운영직군 13만 719명 중에서 고위공무원은
1,020명[0.8%]이다. 공무원 100명 중 한 명꼴로 고위공무원이[국장급부
터 1급까지]라는 이야기다. 하지만 외무공무원의 경우는 다르다. 외무
고위공무원 1,852명 중 고위공무원은 263명으로서 전체 정원의

14.2%이다. 외무공무원의 직급 구성은 피라미드도 아니고 항아리 형도 아니고 아래위가 거의 동일하면서 중간이 약간 들쑥날쑥한 대나무 형태를 보이고 있다. 외무공무원의 직급별 정원은 다음과 같다.

등급	계	14	고위 공무원	13~1 0	9	8	7	6	5	4	3
인원 (명)	1,852	31	263	–	72	202	40	353	518	188	185

직급별 구조로 보면 다른 직종의 공무원에 비하여 외무공무원의 승진이 상대적으로 쉽다고 할 수 있다. 승진이 가장 힘든 것은 경찰이다. 다음은 경찰공무원의 직급별 정원이다.

(단위: 명)

계	치안 총감	치안 정감	치안 감	경무 관	총경	경정	경감	경위	경사	경장	순경
12만 4,960	2	8	31	72	603	2,679	9,044	47,934	27,719	16,086	20,173
비율		0.09%			0.5%	2.1%	7.2%	38.4%	22.2%	12.9%	16.6%

일반직 공무원과 비교할 때 경찰 공무원은 세 가지 특징이 있다. 먼저, 일반직은 9계급이지만 경찰은 모두 11계급이다. 직업군인은 소위에서부터 대장까지 10계급이다. 경찰의 승진 제도는 심사승진, 시험승진, 특별승진, 근속승진 등으로 다소 복잡하다.

둘째, 경찰은 하위직이 많고 위로 올라갈수록 정원이 기하급수적으로 줄어든다. 경위 이하 하위직이 전체의 90%를 차지한다. 경무관 이상 치안총감까지 113명은 전체 경찰공무원의 0.09%에 불과하다. 일반직 고위공무원 비율 0.8%와 비교하면 경찰의 경우 고위직이 상대적으로 매우 적음을 알 수 있다. 경찰의 직급 구조는 피라미드라기보다는 납작한 솥뚜껑 같은 모양이다. 경무관 이상 고위직은 솥뚜껑 손잡이에 불과할 정도로 작다. 열심히 일하고 능력이 있어도 승진을 보장할 수 없는 것이 경찰이다. 따라서 승진 경쟁과 인사적체에서 오는 스트레스가 일반직보다 더욱 심하다. 승진 압박으로 자살하는 경찰도 있다.

셋째, 경찰은 일반직과는 달리 계급 정년이 있다. 일정기간 승진하지 못하면 퇴직해야 한다. 예를 들어 경정의 계급 정년은 14년이다. 그때까지 총경으로 승진하지 못하면 40~50대에 경찰을 떠나야 한다. 13만 경찰 중에서 경정의 승진 스트레스가 가장 많다.

인구절벽 시대에 '공무원=100만 명'은 장기적으로 지속 가능한 숫자일까. 사회가 변하면 행정수요도 변하고 그러면 공무원 숫자도 조정해야 한다. 복지, 보건 등 새로운 행정수요가 발생하는 곳에서는 공무원을 증원해야 한다. 하지만 행정수요가 줄어드는 분야가 있다면 관련 공무원은 감축해야 한다. 자동차 공장에서 A차종은 안 팔리고 B차종이 많이 팔리면 근로자를 A생산라인에서 B라인으로 구조조정을 해야 한다. 하지만 이게 생각보다 쉽지 않다. 경영진은 그렇게 하고 싶어도 노조가 반대한다. 그 결과는 고용의 경직성으로 나타난다. 이 같은 현상이 공무원 조직에도 나타나고 있다.

국민의 세금으로 봉급 주고 앞으로 발생할 연금 적자까지 세금으로 충당해야 하기 때문에 공무원 증원은 신중해야 한다. 가장 바람직한 것은 행정수요의 변화를 고려하여 공무원을 구조조정하는 것이다. 행정 수요가 줄어드는 곳의 공무원을 감축하지 않는다는 것은 어디선가 놀고먹는 공무원이 늘어난다는 것을 의미한다.

공무원 정원을 구조조정할 수 있는 적기는 정권 초기다. 새로운 정부가 출범하자마자 공직사회를 개혁하는 구조조정을 강단 있게 추진해야 한다. 매 5년마다 새로운 정부가 출범하므로 매 5년마다 공무원 사회를 행정 수요의 변화에 맞추어 조정해 나갈 필요가 있다.

정부나 기업이나 구조조정은 사람으로 치면 다이어트^{군살 빼기}와 같다. 군살을 빼기 위해서는 강한 인내심을 가지고 꾸준히 실천해야 한다. 하지만 구조조정은 말처럼 쉽지 않다. 기업의 경우 돈의 논리가 좌우하기 때문에 적자가 나는데도 불구하고 제때 구조조정을 하지 못하면 파산한다. 정부의 경우에는 파산이란 없기 때문에 제대로 된 구조조정이 매우 어렵다. 공무원 스스로 제 살 깎기 식의 구조조정을 할 리 없으며, 정치권에서 공무원 감축은 표를 깎아 먹는 인기 없는 일이다. 우리나라 기업들은 세계적으로 노동시장의 유연성이 매우 낮은 것으로 알려져 있다. 노조 기득권 때문이다. 정부에는 조직 이기주의가 있고 정치권은 포퓰리즘에서 벗어나기 힘들다.

"공무원 숫자는 업무량에 관계없이 증가한다."라는 파킨슨의 법칙_{Parkinson's Law}이 우리나라라고 예외가 아니다. 이 법칙에서 다음과 같은 추론도 가능하다.

- 한번 증원된 공무원은 절대로 줄어들지 않는다.

– 세금을 올릴 수 있는 한 공무원은 계속 늘어난다.

일^{행정수요}이 줄어들어 한가해지는 공무원은 찾아보기 힘들다. 스스로 할 일을 찾아내어 바쁘게 움직이기 때문이다. 공무원의 업무는 주어진 시간에 맞게 조정되기 마련이다. 이른바 호스트만의 추정^{Horstman's Corollary}이다.

공무원스럽다

‘검사스럽다’는 말이 있다. 2003년 3월 9일 노무현 전 대통령이 취임 한 달 만에 가진 평검사와의 토론회 이후 유행하기 시작했다. 이 말은 2003년 국립국어원 ‘신어’ 자료집에 다음과 같이 수록되었다.

“행동이나 성격이 바람직하지 못하거나 논리 없이 자기주장만 되풀이하는 데가 있다.”

우리말에서 명사 뒤에 ‘~스럽다’를 붙이는 경우가 많다. ‘여성스럽다’, ‘존경스럽다’ 등이 그것이다. 하지만 특정 직업 뒤에 ‘~스럽다’를 붙이면 생각해 볼 여지가 있다. ‘공무원’ 뒤에 ‘~스럽다’를 붙이면 어떤 의미가 될까. 우리 사회에서 ‘공무원스럽다’는 어떤 느낌으로 다가올까. 두 가지 개념을 제시해 본다.

[개념 1]

무책임하다. 창의적이지 않다. 시키는 일만 한다. 앞뒤가 꽉 막

혔다. 규정만 따진다. 느려 터졌다. 불친절하다. 쪼잔하다. 단정하다. 윗사람 눈치만 본다. 민감한 것을 건드리지 않는다. 정시 출근 정시 퇴근. 무사안일, 복지부동, 철밥통.

[개념 2]

국가관과 책임감이 강하다. 창의적이다. 무엇이든지 찾아서 하려고 한다. 봉사정신이 투철하다. 융통성이 많다. 규정을 잘 지킨다. 열심히 일한다. 친절하다. 소신이 있다. 국민들을 쳐다보고 일한다. 문제 해결에 적극적으로 노력한다. 새벽같이 출근해서 밤늦게까지 일한다. 격무에 시달린다.

100만 명에 달하는 대한민국 공무원을 이 두 가지 개념 중 어느 하나로 분류하는 것은 가당치도 않다. 하지만 '공무원스럽다'고 할 때 많은 국민들은 [개념 1]을 먼저 떠올릴 것 같다. 2011년 개봉된 영화 「나는 공무원이다」에서 주인공 윤제문한대희 분은 서른여덟 살의 서울 마포구청 생활공해팀에 근무하는 10년 차 7급 공무원이다. 그는 삼성전자 임원 안 부러운 대한민국의 자랑스러운 공무원으로서 삶과 직업에 100% 만족하며 살아가고 있다. 그는 정시 출근, 정시 퇴근하고, 별다른 취미도 없으며, 민감한 내용은 건드리지 않고, 창의력은 없으며, 무사안일하다. 그의 자기만의 철학, 공무원 생활 백서는 다음 두 가지다.

– 흥분하지 않는다이를 위해 남의 일에 끼어들지 않는다. 소극적 처신이 이롭다.

– 교양 있는 대.세. 남_{대세에 낄 정도면 된다.}

이 땅의 공무원들은 산업화 시대를 거쳐 오면서 국민들로부터 '국가발전의 원동력'이라는 평가를 받았다. 공무원들의 국가발전에 대한 강한 의지가 국민들의 '잘살아 보자'는 의지와 결합하여 대한민국의 산업화를 성공적으로 이끌었다. 하지만 이러한 평가는 민주화, 정보화, 세계화 시대로 발전하면서 부정적으로 변해갔다. 즉, 이 땅의 공무원들은 민주화에 크게 기여하지도 못했고 어쩌면 민주화에 걸림돌이 되기도 했다. 우리 정부는 세계에서 가장 뛰어난 전자정부이지만 많은 국민들은 공무원을 정보화의 선두 주자로 생각하지 않는다. 세계화는 공무원이 아니라 기업이 앞서가고 있다.

많은 직업 중에서 공무원의 경쟁력은 결코 높지 않다. 공직에 처음 들어올 때는 높은 경쟁률을 뚫었더라도 근무 경력이 오래되고 직급이 높아질수록 능력이 퇴보하는 경우도 있다. 수십 년간 공직 생활을 하고 퇴직한 공무원들이 민간에서 제대로 능력을 발휘하기란 쉽지 않다. 퇴직 공무원들이 기업이나 로펌에 스카우트되는 경우는 대부분 대관 로비를 위한 경우다. 그들은 이것을 자신의 능력이라고 한다. 로펌들이 퇴직 고위공무원을 채용하고서 '현직 때의 경험을 활용한다'고 광고하는 것은 후배 공무원들에게 연줄로 닿아서 문제를 해결해 줄 수 있다는 말과 다름 아니다.

모든 직업은 병에 걸릴 가능성이 많다. 개인의 건강은 일터로부터 완전히 분리될 수 없다. 의사가 환자에게 "무슨 일을 하십니까?"라고 묻는 것은 직업병을 알아보는 것이 진단의 빠른 길이기 때문이다. 공무원이라면 세 가지 직업병을 조심해야 한다. 첫째, 얻어먹는 병이다. 많은 경우 공무원은 '갑'이고 고객^{민원인}은 '을'이다. 을이 갑에게 밥 사 주고 부탁하는 것이 일반적이다. 「부정청탁 및 금품 등 수수 금지에 관한 법률」^{김영란법}은 공무원의 이러한 얻어먹는 병을 고치기 위해 마련된 극단적 처방이었다. 처방이 극단적이라는 것은 병이 그만큼 깊어졌다는 말이다. 고질병은 강하고 좋은 약을 쓰더라도 쉽게 낫지 않는다.

김영란법 시행으로 정부종합청사와 여의도 국회의사당 주변 고급 식당들이 매출에 큰 타격을 입었다고 한다. 지금은 없어졌지만 한때 중앙청 주변에는 고급 요정들이 많았다. 접대 받는 사람은 고위공직자들이고 접대하는 사람은 따로 있었다. 그런데 몇 년만 지나면 접대받는 사람은 거의 바뀌는데 밥값 술값 계산하는 사람은 바뀌지 않더라는 것이 요정 주인들 간에 파다한 이야기다. 김영란법이란 극약 처방으로 공직자들의 얻어먹는 병이 완치되기를 기대해 본다.

둘째, 갑질병이다. 공직생활을 오래하다 보면 민^民에 대한 관^官의 우월적 지위를 당연시하게 되는 경우가 많다. 규제행정에 있어서 공무원이 가지고 있는 권한 때문이기도 하다. 정보의 비대칭성 때문에 관의 우월적 지위가 생기기도 한다. 이러한 직업병은 규제완화, 행정의 투명성과 정보공개로 풀어 나가야 한다.

직위를 이용한 갑질도 있다. 2017년 여름, 대한민국에서 가장 많이 욕먹은 사람을 꼽으라면 당시 육군 제2작전사령관 박찬주 대장이라고 하겠다. 그와 그의 부인이 공관병에게 갑질한 것이 큰 사회적 문제가 되었다. 사실 여부는 나중의 문제였다. 법원에서의 재판보다 여론 재판이 항상 앞서기 마련이다. 아들 군대 보낸 엄마들이 먼저 뒤집어졌다. 아들 군대 보낼 엄마들도 분노했다.

여론이 심각하게 흘러가자 2017년 8월 7일 문재인 대통령은 청와대에서 공직사회의 갑질 문화를 근절할 것을 지시했다. 같은 날 송영무 국방부 장관은 각 군 참모총장들이 참석한 가운데 장병 인권 개선을 위한 긴급 대책회의를 가졌다. 8월 31일 국무총리실에서 공직사회의 갑질 행태 점검과 재발방지 대책을 발표하기에 이르렀다. 불똥은 재외공간까지 번져 나갔다.[3] 나중에 군 검찰은 이른바 공관병 갑질에 대해서는 무혐의 처분을 내렸다. 여론재판의 유죄추정원칙 덕분에 무혐의 처분에도 불구하고 그의 명예는 실추될 대로 실추되었다. 이 사건은 시민단체인 군인권센터의 언론 발표를 통해 국민에게 알려졌다.

군인권센터는 2017년 7월 31일 '[긴급보도자료] 육군 대장 가족의 노예로 전락한 공관병'이라는 보도자료를 언론에 배포했다. 군인권센터는 그로부터 일주일 동안 5건의 보도자료를 더 배포했고, 그때마다 새로운 내용이 폭로되었다. 갑질 피해를 받은 공관병들이 찾아간 곳은 군대가 아니라 민간단체인 군인권센터였다는 점은 안타까운 일이다.

하지만 검찰은 이 사건을 불기소 처분하였다. 죄를 물을 수 있는 정도가 아니라는 것이다. 하지만 이미 온 공직사회가 요란스럽게 갑질 근절을 다짐하였다.

조직의 공사를 막론하고 모든 윗사람들은 자신보다 직급이 낮은 부하직원들을 함부로 대하지 말아야 한다. 자식뻘 되는 후배 공무원들에게도 높임말을 하는 공무원이 보기 좋다. 성추행 sexual harrassment 이란 상대방이 싫어하는 성적 행동이나 신체적 접촉을 함으로써 성적 수치심을 불러일으키는 행위다. 이는 범죄로서 가해자를 예외없이 처벌해야 한다. 권력추행 power harrassment 이란 말도 있다. 조직 내 우월적 지위를 이용하여 부하직원이 싫어하는 행동을 하는 행위다. 이는 피해자 개인뿐만 아니라 조직 전체에 스트레스를 주는 반反조직적 행위다. 우리 사회에서 성추행은 범죄라는 인식이 보편화되고 있지만 권력추행에 대해서는 아직 인식이 저조하다. 권력추행을 예방하기 위해서는 교육 실시, 가이드라인 설정, 그리고 권력감사 power audit를 통한 악질 상사 찾아내기 등의 노력을 꾸준히 해야 한다.

갑질하는 상사에게 들려주고 싶은 유머가 있다.

부속실 여비서에게 매일같이 막말을 해대는 사장이 있었다. 그 여직원은 묵묵히 참으며 근무했다. 회사를 떠나지 않는 한 참는 것밖엔 방법이 없었다. 스트레스를 참다못한 그녀는 한 가지 방법을 생각해 냈다. 그것은 피임약이었다. 사장님이 커피를 주문할 때마다 그 여직원은 커피에 피임약을 한 알씩 넣었다.

셋째, 승진에 목숨 거는 병이다. 공무원이 '승진에 관심 없다'고 하면 업무에 대한 열정은 이미 사라지고 책상 밑에 탱자 두 개 숨겨두고 근무하는 것으로 이해되기 십상이다^{탱자탱자}. 열심히 일하다 보니 승진하는 것이 아니라 승진하기 위해 열심히 일한다면 그 조직은 보여주기식 업무와 단기 실적주의에서 벗어나기 힘들다.

군대에서는 '장포대^{장군 되기를 포기한 대령}', '대포중^{대령 진급을 포기한 중령}'이란 말이 있다. 경찰에서는 '경포총^{경찰의 별이라고 하는 경무관 승진을 포기한 총경}', '총포경^{총경 승진을 포기한 경정}'이란 말이 있다. 열심히 일하던 대령과 중령이 어느 날 '장포대'와 '대포중'이 되는 순간 업무 자세가 180도 바뀌는 경우를 많이 보았다. 진급을 위해 열심히 일했는데 진급을 포기하는 순간 그럴 필요가 없어지는 경우다.

우리 사회에서 성공한 직업 군인을 평가하는 잣대는 계급이다. 계급이 하나라도 높아야 조직 내에서 말발도 커지고, 권한도 많아지고, 봉급도 많고, 연금도 높아지고, 가족들에게 체면도 차릴 수 있다. 진급에서 떨어진 장교들은 가족에게까지 죄인이 된 듯한 마음을 가지고 살아간다. 이쯤 되면 진급에 목숨 걸지 않는 것이 더 이상할 정도다. 정도의 차이는 있겠지만 공무원 사회도 이와 크게 다르지 않다.

많은 장교들이 진급 지상주의에 빠져 있다면 모두가 피해자다. 소위로 임관하여 진급에서 한 번도 탈락하지 않은 사람은 대장까지 올라간 경우뿐이다. 중장☆☆☆으로 전역한 장군을 보고 "대장☆☆

☆☆ 진급에서 아쉽게 탈락했다."고 하면 참모총장을 제외하고는 모두 진급 탈락자가 된다. 공무원 사회도 마찬가지다.

이 세상에는 나누면 나눌수록 작아지는 것이 있는가 하면 오히려 커지는 것도 많다. 전자는 돈, 권력, 지위 등이다. 후자는 명예, 봉사, 감사, 헌신, 지혜 등이다. 전자에 올인 하는 사회는 모두가 불행하다. 치열한 경쟁을 통해 만인에 대한 만인의 투쟁 상황으로 치닫는다. 후자에 보다 큰 가치를 두는 사회나 조직은 건강해지고 개인은 행복해진다.

공무원 시험은
여성을 차별하지 않는다

요즘 공무원 시험 합격자의 절반은 여성이다. 대략 10년 전부터 이러한 추세가 지속되고 있다. 아래 그래프는 1996년부터 2016년 까지 20년간 공무원^{국가직} 공개채용시험에서 여성 합격자 비율을 나 타내고 있다.

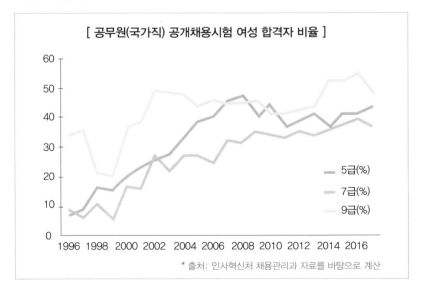

[공무원(국가직) 공개채용시험 여성 합격자 비율]

* 출처: 인사혁신처 채용관리과 자료를 바탕으로 계산

1990년대 후반 공무원 시험에서 여성 합격자 비율은 16% 수준이었다. 2000년부터 이 비율은 급격히 증가하기 시작하여 2000년대 초반 30% 대였다가 2007년부터는 40% 대를 넘어섰다. 5급과 7급 공채시험의 여성 합격자 비율은 서로 비슷하다. 하지만 9급 공채시험의 경우 이미 2002년부터 여성의 합격자 비율이 40% 대를 넘어섰고 최근에는 절반을 넘어섰다. '구신녀9新女'라는 말이 있다. 9급 신입 여성 공무원을 말한다. 9급뿐만 아니라 5급, 7급까지 신녀 전성시대다.

　2000년부터 여성 합격자 비율이 급증한 것은 군가산점제도가 위헌결정으로 폐지1999년 12월 23일된 것이 크게 작용한 것으로 보인다. 1997년 공군사관학교에서, 1998년 육군사관학교에서 여성입학을 허용하는 등 사회적 분위기도 작용하였을 것이다.

　2013년 처음 치른 외교관 후보자 시험의 경우 여성합격자 비율이 60%를 넘어서고 있다아래 표 참조. 여성이 외국어에 뛰어나다는 설명만으로는 남성보다 더 많이 합격하는 것을 쉽게 이해하기 힘들다.

[외교관 후보자 시험 남녀 합격자 현황]

연도	합격자 계	남성	여성	여성비율
2013	43명	18명	25명	58.1%
2014	36명	13명	23명	63.9%
2015	37명	13명	24명	64.9%
2016	41명	12명	29명	70.7%
2017	43명	21명	22명	51.1%

출처: 인사혁신처 채용관리과

2015년 사법시험 합격자의 38.6%, 입법고시 합격자의 43.7%가 여성이었다. 2014년 사법연수원 출신 중 판사 임용자의 78%, 검사 임용자의 71%가 여성이었다. 우리나라 전체 판사 중 여성^{761명}은 27%, 전체 검사 중 여성^{486명}은 25%를 차지하고 있다. 교육계는 이미 여성이 접수했다고 해도 과언이 아니다. 전체 초등 교원의 76.7%, 초등학교 교감의 49.2%가 여성이다^{2014년 기준}.

공무원 시험뿐만 아니라 우리 사회 각 분야에서 여성의 약진이 눈부시다. 2017년 2월 육군사관학교 졸업식에서 1, 2, 3등 모두 여생도가 차지하였다. 여성이 입학 정원의 10%에 불과한 사관학교에서 여생도가 두각을 나타내는 것은 어제오늘의 일도 아니고, 육사뿐만 아니라 해사, 공사도 마찬가지다. 사관학교 졸업식 때 여생도가 대통령상을 받는 것은 이제 큰 뉴스거리가 되지도 않는다. 사관학교 졸업성적은 군사학, 체력, 리더십 등을 종합하여 결정하는데 여기서도 여생도가 탁월하다는 것이다.

전국에 학생군사교육단^{ROTC, 학군단}이 설치된 대학^교은 약 100여 개다^{매년 약간의 변동이 있음}. 여자대학^교에 학군단이 설치된 곳은 숙명여대^{2011년 창설}, 성신여대^{2012년}, 이화여대^{2016년} 등이다. 성신여자대학교 학군단은 2013년과 2014년 기초군사훈련 최우수 학군단으로 선정된 바 있다. 창설된 지 불과 1년 만에 2년 연속으로 전국 100여 개 남자 학군단을 제치고 1등을 한 것이다. 2013년 3월 임관한 ROTC 4,500명 중에서 졸업 성적 1위로 대통령상은 숙명여대 학군단 여학생에게 돌아갔다. 2016년 3월 임관식 때는 성신여대 졸업생이 대통령상을 받았다.

여성 ROTC 후보생들의 탁월함을 보면 놀랍다는 차원을 넘어 어떻게 해석해야 할지 막막하다. 남자대학 학군단과는 달리 여대 학군단은 확실한 동기부여가 되어 있다. 남자 ROTC 후보생들은 병역 의무의 일환으로 지원하는 경우가 많지만 여자대학 후보생의 경우 직업군인이 되겠다는 의지가 분명하다. 학업 성적도 남성 못지않은데 투철한 의지마저 가지고 있으니 남성을 추월하는 것은 당연한 일일지도 모르겠다.

앨빈 토플러는 『전쟁과 반전쟁』에서 인간의 근육에 의존하는 제1물결 전쟁, 대량파괴에 기반한 제2물결 전쟁, 그리고 정보기술에 바탕을 둔 제3물결 전쟁으로 구분하고 있다. 제3물결 전쟁부터 전쟁은 남성의 전유물이 아니게 되었다. 여성이 남성 못지않게 전쟁을 할 수 있는 시대가 도래했다. 앞으로 인공지능과 로봇이 등장하는 제4물결 전쟁이 도래하면 두뇌로 하는 전쟁은 주로 여성이 하고 남성은 힘쓰는 일만 하게 될지도 모를 일이다. 미래의 전쟁에서 전사자는 주로 남군이고, 여군이 전사하는 경우는 찾아보기 힘들지도 모른다.

여학생이 남학생보다 공부도 더 잘하고, 대학도 더 많이 진학하고, 독서도 더 많이 하고, 취업도 더 많이 하는 시대가 되었다. 이른바 알파걸 시대이다. 여성의 약진은 진학률에서부터 남성을 추월하고 있다. 이미 2009년부터 대학 진학률에서 여학생이 남학생을 추월했다. 2014년 여학생의 대학 진학률은 74.6%로 남성 67.6%보다 7% 포인트나 높았다. 2014년 대학 졸업생 숫자는 여성 28만

4,719명, 남성 27만 2,515명으로서 처음으로 여성 숫자가 남성을 넘어섰다. 같은 해 처음으로 대졸 취업자 중 여성 숫자가 남성보다 많았다.

요즘 공무원 시험에서는 3차 면접에서 토론과 발표를 중요하게 평가하고 있다. 필자가 3차 시험 면접관으로 가 보면 여성이 토론과 발표에서도 남성에 결코 뒤지지 않는다.

2015년 국민독서 실태조사에 의하면 여성이 남성보다 책 읽기를 두 배 이상 선호하고 있는 것으로 나타났다. 대형서점에 가 보면 고객의 절반 이상이 여성이다. 젊은 여성이 아니면 문학 책은 팔리지 않는다고 한다.

필자의 할아버지 세대에서는 아들만 교육을 시켰다. 필자의 어머님은 딸이라는 이유로 중학교에 다니지 못했다. 하지만 요즘 부모들은 딸 아들 가리지 않고 공부 뒷바라지한다. 딸이 공부만 잘하면 부모들은 모든 것을 희생해 가며 공부 시키는 세상이 되었다. 그래서 시험만 치면 여성이 두각을 나타내고 있다.

'유리천장 지수Glass-ceiling index'라는 것이 있다. 이코노미스트Economist가 OECD 회원국을 대상으로 여성의 고등교육, 보수수준, 육아, 모성보호, 관리직 진출 등을 계량화하여 2013년부터 매년 발표하고 있다. 매년 그래왔지만 2017년 5월 발표에서도 우리나라는 100점 만점에 25점대로 OECD 29개국 중에서 꼴찌였다.[4] 특히 한국의 경우 남녀 임금격차가 36.7%로 가장 컸다. 여성의 임금 수준이 남성보다 36.7% 작다는 것이다. 격차가 거의 없는 나라는 벨기에로서 3.3%였다. 또한 우리나라는 관리직으로의 여성 진출률이 10.5%로 최저였다. 관리직 10명 중에 여성은 1명 수준이라는 것이다. 가장 높은 나라는 미국으로서 43.4%였다.

하지만 우리 사회에서 공직만큼 여성을 차별하지 않는 분야도 없다. 공무원 채용시험은 남녀를 차별하지 않는 가장 공정한 시험이다. 공무원이 된 다음에 보수, 휴가 등에 있어서 여성 차별이 없는 곳이 공직사회다. 다만 아직도 고위직에 여성공무원이 상대적으로 적은 것은 공무원 시험에 여성 합격률이 높아지기 시작한 지 10여 년에 불과하기 때문이다.

"2017년 우리나라 합계 출산율이 사상 최저인 1.05명으로 떨어졌다. 인구 절벽시대를 맞이하여 경제 활동 인구의 급감이 불가피하다. 이제 우리 사회가 기댈 곳은 여성인력을 제대로 활용하는 것이다. 많은 젊은 여성들이 사회 각 분야에서 저마다의 소질을 발휘하는 것은 대한민국의 앞날을 밝게 하고 있다. 박태현은『부하직원이 말하지 않는 진실』에서 여성이 남성보다 미래 사회에 더 적합한 역량을 가지고 있다고 하면서 여성의 강점을 다음과 같이 말했다.[5]

- 여성은 남성보다 감성이 풍부하다. 산업화 시대에서는 이성이 중요했다면 지식창조사회에서는 감성이 중요하다.
- 여성은 남성보다 리더십이 뛰어나다. 여성의 소통과 화합은 현대사회가 요구하는 리더십요소다.
- 여성은 남성보다 똑똑하다. 여성은 새로운 것을 유연하게 받아들이는 스

편지로 비유한다면 남성은 무엇을 이야기해도 튕겨져 나올 것 같은 콘크리트 벽과 같다.

- 여성은 남성보다 직업관이 투철하다. 결혼을 하고 아이를 키우면서 직장 생활을 하는 여성들은 보통의 인내심과 의지력을 갖지 않고서는 불가능하다.
- 여성이 남성보다 윤리적으로 깨끗하다.

여성 공무원들이 공무원 사회의 문화를 바꾸고 있다. 여성 공무원들은 윗사람의 부당한 지시는 절대로 따르지 않는 경향이 강하다. 요즘 검사들은 조직 문화의 충격적인 변화를 겪고 있다. 이를 촉발한 것은 대통령도 아니고 시민단체도 아니고 늘어나는 여검사들이다. 공직사회에서 여성의 약진은 근무연勤務緣, 학연學緣, 지연地緣, 그리고 남성중심주의가 지배해 온 우리 공직 문화를 변화시키는 동력이 되고 있다.

우리 역사에서 여성의 공직 진출이 지금보다 더 많았던 때가 없었다. 이제 대한민국 모든 공직자들은, 남성이건 여성이건 간에, 여성과 함께 일하는 법을 배워야 한다. 그 핵심은 남성과 여성을 차별하지 않는 데 있다. 여성으로 배려는 하되 업무에 있어서 남성과 동일하게 대우해야 한다. 이를 등한시하는 공직자들은 공직 사회에서 성공할 생각을 버려야 한다. 이어령 교수의 말이다. "산업화와 민주화를 이끌어 온 것이 가부장적인 남성들의 하드 파워였다면 이제 그것에 사랑과 생명을 불어넣는 소프트 파워는 새로운 여성들이 해야 할 몫이다."

말이 나온 김에 한마디만 더. 우리나라는 사실상 모계사회로 진입하였다. 아들은 장가가면 '해외이민 간 동포'가 된다. 결혼한 아들은 아들이 아니라 '며느리의 남편'일 뿐이다. 며느리의 남편을 아직도 아들로 착각하는 여자는 3대 미친 여자에 속한다. 딸은 시집가더라도 엄마의 평생 친구다. 요즘 아이들은 외조부모는 '할머니', '할아버지'로, 조부모는 '친할머니', '친할아버지'로 부르고 있다.

외국에 유학 간 자녀를 보기 위해 비행기 타고 찾아오는 경우는 대부분 친정 부모와 장인이다. 딸 낳으면 비행기 탄다는 말이 그냥 하는 말이 아니다. 중장년 부모가 성인 자녀 중 장녀와 가장 많이 접촉한다는 조사 결과도 있었다. 2017년 2월 보건사회연구원과 서울대가 성인남녀 1,025명을 조사한 바에 따르면 부모들이 접촉하는 순위는 장녀가 36%로 가장 많았고 그 다음이 장남으로서 33.8%였다. 10년 전 같은 조사에 의하면 장남이 1순위, 장녀가 2순위였다고 한다. 딸들의 친정 부모와의 교류가 늘어나면서 부계 중심성이 약화되고 모계 중심성이 증가하고 있다. 장가간 아들은 '희미한 옛 그림자'이지만 딸은 '아직도 그대는 내 사랑'이다.

서울역 노숙자는 모두 남성이다. 여성은 없다. 노숙자 무료 급식소에 줄 서 있는 사람들은 모두 할아버지나 아저씨들이다. 할머니나 아줌마들은 없다. 겨울에 얼어 죽는 사람은 모두 남성이다. 여성 동사자는 찾아보기 힘들다. 문학평론가 유종호 씨는 이렇게 말했다. "잉여 인간의 대부분이 남성이라는 사실은 여성보다 남성이 쓸모없는 경우가 많다는 남성중심 사회의 반어(反語)라고 하지 않을 수 없다."

청렴영생淸廉永生,
부패즉사腐敗卽死

다음에 열거하는 기관들의 공통점은 무엇일까?

대통령, 국무총리, 국회의원, 감사원, 대통령 비서실, 검찰검사, 법원판사, 지식경제부, 국방부, 방위사업청, 국방과학연구소, 육군, 해군, 공군, 국군기무사령부, 국토해양부, 교육과학기술부, 농림수산부, 환경부, 경찰청, 조달청, 국민연금공단, 금융감독원, 국세청, 서울시, 부산시, 경기도, 인천시, 제주도, 보령시, 남양주시, 고양시….

정답은, 뇌물과 비리 문제로 언론에 등장해서 사회적 물의를 일으켰던 정부공공 기관들이다. 필자가 국방부와 방위사업청에 근무하는 동안 경험했던 주위의 동료, 선배, 상사, 후배들을 보면 한결같이 순수하고 깨끗한 분들이었다. 하지만 일부의 문제 직원들 때문에 국방부와 방위사업청이 비리집단으로 인식되기도 했다. 일부

직원들의 문제이지만 세상의 평가는 냉혹하다. 커다란 솥에 국을 끓일 때 국자로 잘 저은 다음 한 모금 맛을 본다. 무작위로 추출한 표본^{sample}을 가지고 모집단^{population}을 판단하는 것이다.

동물 중에서 가장 지능지수^{IQ}가 낮은 것은 금붕어다. 금붕어는 물속에서 같이 놀던 친구가 낚시 바늘이나 그물망에 걸려 갑자기 사라져도 유유히 놀고 있다. 미끼 달린 낚싯줄이 또 내려오면 자신도 그 친구와 같은 운명이 된다. 동물 중에서 가장 지능지수가 높은 것은 사람이다. 공직자는 그중에서도 우수한 집단이다. 하지만 그들의 행동을 보면 금붕어와 유사한 경우가 많다. 뇌물과 향응으로 동료가 감옥 가는 경우를 숱하게 지켜봤으면서도 나중에 자신도 감옥에 들어가기도 한다. 지능지수가 가장 높은 동물과 가장 낮은 동물이 서로 공통점이 있다는 것은 아이러니하다.

똑똑한 사람이 유혹에 빠지는 이유는 네 가지로 해석할 수 있다. 첫째, 자아고갈의 법칙이다. 부패에 저항하는 에너지는 시간이 갈수록 줄어든다. 신입직원 때부터 부패에 물드는 경우는 없다. 고참이 되어 가면서 주위와 타협하게 되고, 자신도 모르는 사이에 부패공직자가 되어 간다. 둘째, 자기 합리화의 법칙이다. 자신을 정당화시키는 논리를 스스로 찾는다. 세상 모든 사람이 도둑놈일지라도 자신만은 깨끗하다는 착각에 빠진다. 셋째, 도덕적 자기만족의 법칙이다. 자신만의 도덕적 한도를 스스로 설정하고 그 범위 안에서는 나쁜 짓을 서슴지 않는다. 나쁜 짓이라고 생각조차 하지 않는다. 마지막으로 예외의 법칙이다. 다른 사람은 다 걸려서 교도소 가더라도 나는 아닐 것이라고 착각하는 경우다.

기업의 경우 부패 3형제가 있다. 첫째는 회사 돈을 유용하는 경우다. 죄질이 나쁜 경우로서 처벌해야 한다는데 이견이 없다. 둘째는 협력업체로부터 돈을 받는 단계다. 처음에는 납품업체로부터 제품 샘플^{견본품} 정도 받기 시작한다. 이것이 더 발전하면 정상품을 몇 개 빼돌리거나 상품권, 선물세트, 그리고 나중엔 현금을 받는 수준으로 발전한다. 가장 지능적인 경우는 비현금성 거래다. 여기에는 101가지 방법이 있다. 예를 들어 거래처 간부의 부인이 학원을 운영한다면 학원에 무언가 경제적 이익을 주는 것이다. 정상적인 거래를 가장해서 말이다. 마지막은 회사 이익을 위해 돈^{뇌물}을 건네는 단계이다. 회사의 생존과 영업을 위해 불가피하다고 생각한다. 1988년 고 정주영 현대그룹 명예회장은 다음과 같이 말한 바 있다. "피땀 흘려 번 돈을 낸들^{정치권에} 내고 싶어서 냈겠는가? 그 돈 안 내면 사업 못 하게 할 게 뻔한데 안 내고 버텨서 현대그룹이 문을 닫았어야 옳았겠는가?"

공무원 중에 ① 먹고 해 주는 놈, ② 먹고 안 해 주는 놈, ③ 안 먹고 해 주는 놈, ④ 안 먹고 안 해 주는 놈의 순서로 사람들이 좋아한다는 말이 있다. ①의 경우는 뇌물 받은 공무원과 뇌물 준 자가 서로 윈윈하는 상황이다. ②의 경우는 뇌물 받은 공무원이 애써 주었는데도 일이 안 되었구나 하고 생각하면서 고마워한다. ③의 경우는 뇌물 안 주고도 청탁이 해결되었으니 이거 당연히 되는 건가 보다라고 여기며 고맙게 생각하지 않는다. ④는 서로 도움이 하나도 안 되는 상황이라는 해석이다.

우리나라의 반부패지수는 세계 40위권이다. 지난 수십 년 동안 깨끗한 사회를 만들기 위해 노력해 왔지만 외국에서는 여전히 '대한민국=부패공화국'으로 평가하고 있다. 공직사회의 청렴성 제고를 위해 수많은 제도를 만들었지만 완벽하게 작동하지 않고 있다. 그러다 보니 제도의 문제가 아니라 우리 문화가 부패친화적이라는 설명도 하게 된다. 우리 사회가 근무연勤務緣, 학연學緣, 지연地緣으로 얽혀 있기 때문이라는 것이다. 웬만한 자리에 있어 봤던 공무원이라면 '옛날에 같이 근무했던 사인데…', '학교 선후배인데…', '우리 고향 친구인데…'라는 이야기를 한두 번 들어보지 않은 사람은 없을 것이다. 우리 문화가 공사公私 구분이 모호하기 때문에 사적 인연을 공적 영역까지 끌어들이고 있다.

공무원들에게 청렴을 강조하면 이런 이야기를 듣기도 한다.

— 먹고사는 문제부터 해결한 뒤, 청렴성을 생각해 보겠다.
— 높은 사람들이 깨끗해야지, 우리 중하급 직원들이야….
— 청렴성을 너무 강조하면 직원 불만과 사기 저하만 초래한다.
— 선진국들이야 먹고살 만하니 그런 데 신경 쓰는 거지, 우리가 그럴 겨를이 있나?
— 재수 없거나 조심성 없는 사람들이 걸리는 거지….

청탁을 위한 접근은 이렇게 시작한다.
"긴요히 할 이야기가 있는데."

"한번 좀 만났으면 하는데."

"오늘 저녁 시간 좀 내 주세요."

"식사나 한번 합시다."

"전화 한 통만 해 주면 되는데."

이렇게 접근했다가 공직자가 청탁을 제대로 들어주지 않으면 청탁인은 뒤돌아서서 다음과 같이 말하기도 한다. 면전에서 말하지 않는다면 다행이다.

"거기 있으면서 그 정도 힘도 없어?"

"알고 보니 꽉 막혔구먼."

"세상이 다 그런데 혼자만 잘난 척해?"

"사람이 너무 그렇게 융통성이 없으면 못 써."

"세상 혼자 사나? 언젠가 너도 아쉬운 소리 할 때가 있을 걸⋯."

다음은 뇌물 5원칙이다.

❶ 돈을 준 사람은 반드시 기억해 둔다.

❷ 돈을 줄 때는 반드시 대가를 기대한다.

❸ 돈을 준 사람은 언젠가 말을 한다.

❹ 돈을 주고받는 사이에서 의리란 없다.

❺ 오늘날 회계는 단돈 1천 원도 기록하게 되어 있다.

공직자들이 업무를 처리할 때 다음과 같이 처신하는 것을 습관화하여 자신을 지키는 것이 중요하다.

– 처음으로 이권 청탁을 받았을 때 단호하게 거절하라.

- 공직자로서의 자긍심을 수시로 생각하면서 당당하라.
- 청탁하는 상대방이 무안하지 않게 거절하는 방법을 익혀두라.
- 자신의 일을 제3자가 투명하게 들여다볼 수 있도록 공개적으로 일하는 습관을 들여라.

사이렌은 그리스 신화에 나오는 바다의 마녀였다. 사이렌은 바닷가 외딴 섬에 살면서 근처를 지나가는 배를 향해 매혹적인 노래를 불러 뱃사람들을 유혹했다. 그 노래를 들은 선원들은 미쳐버렸고 배들은 바위에 부딪혀 좌초되었다. 트로이 전쟁을 끝내고 배를 타고 귀향하는 오디세우스는 배 기둥에 몸을 단단히 묶고 선원들에게는 밀랍으로 귀를 막도록 했다. 덕분에 오디세우스 일행은 무사히 항해할 수 있었다. 오디세우스에게 몸을 묶고 밀랍으로 귀를 봉하는 것은 자기 통제였다. 청렴한 공무원이 되기 위해서는 유혹으로부터 당신을 통제할 수 있는 당신만의 방법을 찾아 실천해야 한다.

모든 공무원들이여~ 청렴영생清廉永生, 부패즉사腐敗卽死다. 공직자로서 청렴하면 영원히 살고, 부패하면 한방에 훅 간다.

전쟁도 병사 부모의 동의를 받아야하는가

2017년 3월 육군 모 공병부대 지휘관이 전방지역 지뢰제거 작전에 투입할 장병들의 부모에게 동의서를 받은 것이 문제가 되었다. 전쟁을 준비하는 군대가 이래서는 안 된다는 질타가 쏟아졌다. 학부모라는 말은 있어도 '군軍부모'라는 말은 있을 수 없다는 것이다. 다음은 2017년 3월 30일 몇몇 언론의 사설 제목이다.

- 조선일보: 전쟁도 부모 동의 받고 할 건가
- 동아일보: 부모 동의 장병만 지뢰제거 맡긴 군 정상인가
- 세계일보: 얼빠진 군인 정신으로 어떻게 나라 지키겠나

이것이 사회적으로 이슈가 되다 보니 육군은 참모차장을 중심으로 대책 마련에 나섰다. 하지만 지뢰 제거 작전 중에 사고가 발생하면 국회는 국방부장관과 참모총장을 불러 따질 것이다. 그리고

책임자를 문책하라고 목소리를 크게 할 것이다. 이러한 분위기를 바꾸지 않는 한 육군이 무슨 대책을 마련하더라도 군부모 현상은 쉽게 해결되지 않을 것이다.

어떻게 이런 현상이 생겼을까. 군대는 특수집단이기도 하지만 우리 사회의 부분집합이기도 하다. 우리 군에 어떤 고질적인 문제가 있다면 우리 사회가 그렇기 때문일 수도 있다. 사회현상은 어느 날 갑자기 일어나는 것이 아니라 어떠한 관행이 꾸준히 쌓여서 나타나는 것이다. 군대도 사회의 보편적인 분위기로부터 완전히 절연하여 작동될 수 없다. 이렇게 보면 군부모 현상은 우리 사회의 보편적 분위기에서 비롯된 것이다.

요즘 우리 사회에서는 사회적 합의와 시민 참여라는 명분하에 이해당사자가 정부의 정책결정 과정에 깊이 관여하는 경우를 종종 볼 수 있다. 세월호 사건의 경우 피해자 구조, 선체 인양, 미수습자 수습 방법, 선체 조사 활동까지 유족들에게 설명하고 동의를 구하였다. 유족들이 반대하면 정부가 제대로 할 수 있는 것이 없었다. 많은 국가 예산이 들어가는 선체 인양 결정도 유족들의 의견이 크게 작용했다. '세월호 선체조사위원회' 8명의 위원 중에서 희생자 가족협의회가 3명을 선출하였다.

2015년 공무원 연금 개혁을 논의하는 과정에서 이해당사자인 공무원 노조가 참여하는 '사회적 대타협' 방식이 적용되었다. 공무원들의 목소리를 듣는 차원을 넘어서 사실상 공무원들이 연금 개혁에 관여한 것이다. 이 대타협을 이끌어낸 정치권은 이를 모범적 사례라고 자축하였다. 이해 당사자인 공무원들은 좋아했을 수 있지만 반쪽짜리 연금개혁이 되고 말았다. 제대로 된 연금 개혁을 위해서는 이해 당사자인 공무원 노조를 배제시키는 것이 좋았을 수 있다.

노동개혁에 있어서 경제사회발전노사정위원회^{노사정위원회}는 당사자인 경총과 노총이 참여하고 있다. 바로 이 때문에 제대로 된 합의를 도출하지 못하고 회의는 겉돌기만 했고 세월만 흘러갔다. 노사정위원회는 대통령 자문기관이지만 위원회의 의결사항을 정책에 반영하고 성실히 이행하도록 최대한 노력해야 할 의무가 법률에 명시되어 있다^{노사정위원회법 제17조}. 이쯤 되면 노사정위원회는 정부 위에 있다고 해도 과언이 아니다. 말이 자문기관이지 사실상 정책 결정권한을 가지고 있는 것이나 마찬가지다.

한·미 FTA와 한·중 FTA 협상 과정에서는 농민들의 의견을 구하는 차원을 넘어 사실상 농민들의 동의를 받아야 했다. 일본과의 종군 위안부 협상도 위안부 할머니들의 동의를 받지 못했다는 것이 문제가 된 바 있다. 흡연자가 동의해야 담배소비세를 올릴 수 있다. 노인들이 동의해야 지하철 경로우대 요금제를 바꿀 수 있다. 노인의 연령을 상향 조정하는 것도 대한노인회의 입장이 가장 중요하다. 대한노인회가 반대하면 정부는 감히 추진하려고 하지 않는다.

2016년 대기업 동부팜화옹이 경기도 화옹 간척지구에 대규모 온실단지를 조성하려 했을 때 전국의 많은 농민단체들이 강하게 반발했다. 여기서 생산된 토마토를 전량 수출하겠다고 업체가 약속하여도 반대의견은 변하지 않았다. 정부는 농민들의 반대를 의식하여 이 사업을 승인하지 않았다. 농민은 업체의 약속을 믿지 않앉고 정부는 업체보다 농민의 눈치를 더 보았다. 2016년 이화여대는 평생교육 단과대학 설립 과정에서 학생들이 반대함으로써 심각한 학내 갈등을 겪어야 했다. 서울대학교가 시흥캠퍼스를 조성하는 과정에서 반대하는 학생들이 총장실을 점거하는 등 심각한 갈등이 있었다. 대학에서도 학생들이 반대하면 되는 일이 없다.

정책결정 과정에서 사회적 합의와 이해당사자와의 협의는 필요하다. 그러나 이해 당사자가 결정에 참가하는 것은 신중해야 하고 제한적이어야 한다. 판사가 원고·피고와 이해관계에 있으면 그 재판을 맡아서는 안 되는 것이 법관 제척 제도다. 제척의 원인이 있는 법관이 사건판결에 관여할 경우 당사자는 기피신청을 할 수 있다. 당사자의 의견은 충분히 듣되 최종 결정과정에서는 당사자의 참여를 배제하는 것이 공정하고 합리적이다. 하지만 오늘날 우리 사회는 이와는 다른 방향으로 흘러가고 있다. 왜 이렇게 되었을까? 시민참여의 과잉, 정부의 무기력 그리고 국회의 포퓰리즘이 서로 도운 결과라고 하겠다. 하나씩 살펴보자.

첫째, 시민과 이해 당사자의 참여 과잉 현상이다. 민주화 이후 이해 당사자가 정책 결정과 집행 과정에 참여하는 폭이 넓어졌다. 우리나라 행정이 일방향 통치에서 양방향 협치로 발전하고 있다. 하지만 의견수렴과 소통의 차원을 넘어서 정부와 이해집단이 대등한 자격으로 논의하고 정책이 결정되는 현상이 점점 많아지고 있다.

사회가 복잡해지고 이해관계가 촘촘해지다 보니 누군가에 도움이 되는 정책이나 제도의 개선은 누군가에게 피해가 되기도 한다.

어느 집단의 혜택은 우리 사회 누군가의 부담이라는 것이다. 이른바 파레토 최적Pareto Optimum 상태다. 이 과정에서 목소리 큰 사람이 더 많이 얻어가는 현상이 벌어지기도 한다. 목소리 내지 않고 가만히 있으면 손해 본다는 인식이 확산되고 있다. 정부 정책에 반대부터 하고 봐야 나중에 얻는 것이 많다는 생각이 지배적이다. 그러다 보니 소집단 이기주의와 떼쓰기가 보편화되고 있다. 야구 경기장에서 앞에 있는 사람이 일어서면 뒤에 있는 관중들도 덩달아 일어서게 된다. 그리고 경기 끝날 때까지 모두 서서 경기를 보아야 한다. 소집단 이기주의는 결국 사회 전체의 피해로 귀착된다.

둘째, 정부의 힘과 리더십이 없어졌다. 책임이 두려운 공무원들은 이해집단들의 눈치를 보거나 정책결정을 제3자에게 미루어 버리는 현상이 일어나고 있다. 과거 권위주의 정부 시절엔 정부와 공무원들이 힘이 있었다. 이로 인한 부작용도 없지는 않았지만 정부가 결정을 내리고 이에 대한 책임도 정부가 지는 분위기였다. 하지만 불과 20~30년 만에 관료 사회의 분위기가 180도 바뀌었다. 공무원들의 자긍심은 줄어들고 정치 과잉으로 행정은 정치권에 종속되고 있다. 국회의원들이 장관을 호통치고, 정권교체기마다 공무원들은 새로운 정권 눈치 보기에 급급하다.

관료의 자율과 재량도 줄어들었다. 과거엔 아랫사람의 재량으로 처리했던 일도 요즘엔 윗사람들이 결정하는 경우가 많다. 종전에 장관 책임하에 각 부처들이 자율적으로 했던 일도 이제는 대통령 비서실과 협의하지 않고서는 안 되게 되었다. 청와대 승인 없이는 장관이 단 한 명의 고위공무원 인사도 마음대로 하지 못한다. 청와대는 각 부처의 정책을 조율하고 대통령의 국정 철학을 반영한다는 명분하에 각 부처의 업무에 사사건건 관여하고 있다. 각종 민원은 해당 정부 부처가 아니라 청와대로 몰리고 있다. 시위를 해도 정부 청사보다는 청와대 앞에서 하려고 한다.

셋째, 우리 국회의 포퓰리즘 현상이다. 노사정위원회, 공무원 연금 국민 대타협, 자유무역협정 체결, 추곡 수매가격 결정, 최저임금제 결정, 담뱃값 인상 등 거의 모든 영역에서 국회가 영향력을 행사한다. 국회는 이러한 의사결정 과정에 이해관계자를 참여시키고 있다. 세월호선체조사위원회의 위원 8명 중에서 5명은 국회가 선출하도록 되어 있다. 방위사업추진위원회 위원 일부도 국회 국방위원회가 추천할 수 있도록 방위사업법에 명시되어 있다. 국회는 추천한 위원을 통해 개별 사안에 대해 상당한 입김을 행사할 수 있을 뿐만 아니라 정책의 방향까지 바꿀 수 있다.

위기관리 역량을 배양하라

고맥락 사회: 개떡같이 말해도 찰떡같이 알아들어라

연구용역과 컨설팅은 제대로 하라

21세기는 경청하는 리더의 시대다

공무원과 기자, 애증이 교차하는 공생 관계

회의(會議)가 많아지면
회의(懷疑)가 된다

좋은 글쓰기, 꾸준히 노력해야 가능하다

일 잘하는
공무원

Part 2

위기관리 역량을
배양하라

바야흐로 VUCA 시대다. 오늘날의 조직 환경은 예측하기 어려우며volatile, 불확실하고uncertain, 복잡하며complex, 모호해ambiguous지고 있다. 이 때문에 모든 조직에게 위기는 다양한 모습으로 예상치 못하게 닥칠 수 있다. 예고 없이 닥치는 각종 사건 사고는 정책당국자뿐만 아니라 이해관계자들을 송두리째 흔들어 놓는다. 위기 상황이 발생했을 때 관련 부처가 제대로 대응하지 못해서 상황을 악화시키고 국민적 불신을 초래하여 정부를 위기로 몰아간 경우가 종종 일어난다. 천안함 사건2010, 세월호 사건2014, 메르스 사태2015, 살충제 계란 파동2017 등이 그것이다.

위기가 빈발하고 파급효과가 심각한 오늘날 모든 조직에서 위기관리 능력이 더욱 중요해지고 있다. 천안함 사건과 메르스 사태를 알아보고 공직자가 제대로 된 위기관리를 하기 위해서는 어떻게 해야 하는지 살펴보기로 한다. 많은 위기 중에서 이 두 가지 사례를 소개하는 것은 파급효과가 컸고 관련부처의 위기 대응 과정이 허술하였으며 위기가 마무리된 후 『백서』가 발간되어 상세한 기록이 공개되었기 때문이다.

천안함 사건

2010년 3월 26일 금요일 21시 22분 백령도 인근 해상을 초계 중이던 해군 천안함초계함, PCC-772이 북한의 어뢰 공격을 받아 두 동강 나면서 순식간에 침몰했다. 승조원 104명 중 46명이 사망하고 58명이 구조되었다.

해군은 사건 발생 다음 날부터 인근 해역에 대한 탐색구조 작전을 펼쳤다. 그 결과 4월 15일에는 함미 부분을, 4월 25일에는 함수 부분을 인양하는 데 성공했다. 이어서 함체 잔해물에 대한 탐색인양 작전이 실시되었다. 이 과정에서 북한 도발의 결정적 증거라고 할 수 있는 북한제 어뢰추진 동력장치를 수거했다. 한편 3월 30일부터 5월 20일까지 민관군 합동조사단이 활동하였으며 천안함은 북한제 어뢰에 의한 수중 폭발의 결과로 침몰한 것으로 최종 결론을 내렸다.

사건이 발생하자마자 국회와 언론에서는 침몰 원인과 우리 군의 늑장대처에 대해 신랄하게 비판하였다. 감사원은 2010년 5월 약한 달간에 걸쳐 청와대, 국방부, 합참, 해군본부, 해군 작전사령부 등에 대해 강도 높은 감사를 실시하였다. 그 결과 합참의장 등 2명이 전역 조치되었고 합참 작전본부장 등 15명이 인사 조치와 징계를 받았다. 감사원 감사 결과 주요 지적 사항은 다음과 같다.[6]

상황 보고 및 전파 부실로, 제2함대사령부는 천안함으로부터 침몰 원인이 "어뢰피격으로 판단된다"는 보고를 받고도 이러한 사실을 합참 등 상급기관에 제대로 보고하지 않아 초기 대처에 혼선을 초래했다. 그리고 합참에서는 제2함 대사로부터 사건 당일 21:45경 천안함 침몰 상황을 보고받고도 합참의장에게 22:11, 국방부 장관에게 22:14에야 보고하는 등 보고가 지연되었으며(…)

위기대응 조치 부실로, 사건 발생 이후 국방부에서 의무적으로 위기관리반을 소집하여야 하는데도 위기관리반을 소집하지 않았을 뿐만 아니라 소집한 것처럼 국방부 장관 등에 보고하였으며 일부 부대에서는 위기조치기구의 요원들이 응소하지 않거나 허위 또는 지연 응소하는 등 기강이 해이했다.(…)

북한 잠수정이 우리 영해에 침투하여 천안함에 어뢰를 발사하고 도주하는 동안 우리 군의 위기관리 시스템에 따른 대응 및 조치는 전반적으로 미흡하였다.

1. 사건 초기 피격상황에 대한 보고 및 전파가 제대로 이루어지지 않아 대응 조치에 혼선을 초래했다. (…)

2. 피격 직후 우리 군의 체계적인 조치는 미흡했다. (…)

3. 공보전략의 부재는 해명에 급급한 언론 대응방식으로 국민의 불신을 초래 했다.

우리 군에서 이 사건이 일어나리라고 생각한 사람은 아무도 없었다. 한국군은 북한의 다양한 국지도발에 대비한다고 했지만 북한의 어뢰 공격은 전혀 예상하지 못했다. 예상했다면 대비했을 것이고 그러한 사건이 일어나지도 않았을 것이다. 이 사건으로 우리 군과 대한민국은 엄청난 충격을 받았다. 북한의 소행으로 밝혀진 다음에서야 북한이 이런 짓도 충분히 할 수 있겠다는 해석을 하게 되었다.

메르스 사태

2015년 발생한 메르스_{중동호흡기증후군, MERS} 사태는 우리나라 최대의 공중보건 위기였다. 5월 20일 첫 환자가 발생한 이후 같은 해 12월 23일 유해 종료가 선언될 때까지 186명의 환자가 발생하였고, 38명이 사망하였으며 16,693명이 격리 조치되었다. 환자의 대부분은 병원에서 감염되었으며 의료기관 종사자가 13%를 차지하였다. 많은 국민들이 메르스로 일상 활동에 제약을 받았으며 국민 경제에 악영향을 미쳤다.

정부의 대응 과정에서 많은 문제가 드러났다. 중앙방역대책본부는 초기에 메르스 바이러스의 감염력을 낮게 평가하였다. 첫 환자에 대한 역학조사에 문제가 있었으며 감염 의심자들은 다른 병원으로 빠져나갔다. 정부가 발표하는 메시지는 실제 상황과는 거리가 있었으며 거짓 발표도 있었다. 그 과정에서 국민의 불안감은 증폭되었다. 일개 감염병에 불과했던 메르스는 공중보건위기로 확대되면서 보건행정뿐만 아니라 정부 전체에 대한 불신으로 이어졌다.

감사원은 2015년 9~10월 보건복지부, 질병관리본부 등 18개 기관을 대상으로 감사를 실시하여 39건을 지적하였고 16명의 징계 조치를 요구했다. 다음은 2016년 보건복지부가 발간한 『2015 메르스 백서』 내용 중 일부다.

메르스 대응 과정에서 국가방역뿐 아니라 의료체계에 내재된 모순이 전면적으로 드러났다. 질병관리본부, 지방자치단체 모두 감염병으로 인한 공중보건위기에 대한 대응 역량이 부족했다. 중앙정부와 지방자치단체 간에 역할 분담이 불분명했으며, 보건당국과 의료기관의 협조 체제도 원활하지 못했다. 상급

종합병원이나 중소병원 가릴 것 없이 병원 감염에 대한 준비는 빈약했으며, 의료진 감염이 지속적으로 발생하였다.

또한, 『2015 메르스 백서』는 국가 감염병 관리 역량 강화를 위해서는 위기소통 역량을 강화해야 한다고 지적하면서 보건복지부와 질병관리본부에게 다음과 같이 권고하였다.[7]

첫째, (…) 공중보건 위기 시 국민들에게 알리고 신뢰성 있는 메시지를 적시에 제공하기 위한 전략과 체제를 구축해야 한다. (…)

둘째, (…) 기존의 위기소통 패러다임이 정부가 어떻게 정보를 전달할 것인가에 초점을 두었다면 앞으로는 쌍방향 소통을 어떻게 할 것인가를 고민해야 한다. 국민이 스스로 정보를 생산하고 공유하는 점을 고려하여 쉽고 간결한 메시지와 정보를 소셜미디어를 통해 공유하는 전략을 수립해야 한다.

셋째, (…) 다양한 이해 당사자 간의 일관성 있는 대응, 즉 관계부처 간 공조체제를 구축하여 대중에게 일관된 메시지를 제공할 수 있어야 한다. 이를 위해 (…) 위기소통 교육훈련 프로그램을 구성 및 운영하여 정부 부처 관계자의 역량을 강화시켜야 한다.

검은 백조와 회색 코뿔소

18세기 네덜란드 탐험대는 오스트레일리아 대륙에서 검은 백조 Black Swan를 발견했다. '백조는 흰색'이라는 그때까지의 경험법칙이 한순간에 무너졌다. 그 후 검은 백조는 충격적인 대사건을 상징하는 개념이 되었다. 검은 백조의 특징은 세 가지다. 첫째, 일반적인 기대 영역 밖에 존재하는 극단치다. 둘째, 가능성은 낮지만 일단 발생하면 엄청난 충격을 가져온다. 셋째, 미리 예측하는 것은 불가능하지만 사건이 일어난 다음에서야 설명과 해석이 가능하다.

우리 정부에서 검은 백조의 대표적인 사례는 천안함 사건이었다. 이 사건이 발생할 때까지 평시에 북한이 우리 해역에 침투해 어뢰로 우리 해군 함정을 공격할 가능성을 아무도 예상하지 못했다. 사건이 발생하자 엄청난 충격을 가져왔으며 사후적으로 많은 것을 설명할 수 있었다. 과거의 경험이 전혀 도움이 되지 않았다. 아이러니컬하게도 이 사건은 일어나지 않을 것이라고 생각했기 때문에 발생한 것이다. 일어날 것이라고 생각했다면 대책을 마련하여 미리 예방했을 것이다.

아프리카 초원에 회색 코뿔소^{Grey Rhino}가 보인다. 이를 본 관광객들은 반갑다는 듯이 코뿔소를 배경으로 사진을 찍기 시작한다. 더 멋있게 찍으려고 코뿔소에 다가간다. 심지어 코뿔소를 보고 휘파람까지 부는 사람도 있다. 그런데 갑자기 코뿔소가 사람을 향해 돌진해 오기 시작한다. 몸무게 2톤에 가까운 코뿔소가 시속 60킬로미터로 달려오면 아무도 피할 수 없다. 순간적으로 몸은 굳어 버린다. 나무 위로 올라가도 잠시 피할 뿐이다. 자동차로 도망쳐도 초원에서 코뿔소보다 빨리 달릴 수 없다. 이러한 위기는 위험^{코뿔소의 돌진}을 인식하고 경고하는 시스템에 무언가 고장이 났기 때문이다. 회색 코뿔소 현상은 다음 4단계로 진행된다.

❶ 현실 부정: 설마 코뿔소가 내게 다가오지는 않겠지….
❷ 시간 끌기: 코뿔소를 배경으로 사진 한 장만 더 찍고 가자.

코뿔소가 나를 보았으면 좋겠는데….

❸ 공황 상태: 우와~ 코뿔소가 나를 향해 달려오네…. 이 일을 어쩌지….

❹ 파국: 코뿔소와 충돌, 그 결과는?

2015년 메르스 사태와 2017년 살충제 계란 파동 등은 회색 코뿔소 현상의 사례라고 할 수 있다. 검은 백조는 예측 자체가 어려우니 피할 수 없다. 따라서 위기가 발생한 후 사후관리가 중요하다. 하지만 회색 코뿔소는 다가오는 게 보여서 충분히 피할 수 있지만 피하지 못하는 상황이다. 위험하다는 것을 어느 정도 알 수 있었지만 방치하고 있었던 경우다. 많은 경우 조직과 개인은 위험보다는 장밋빛 전망을 선호한다. 골치 아프거나 답을 알고 싶지 않은 문제에 대해서는 질문도 하고 싶어 하지 않는다. 위기가 다가오는 징후를 알고 싶어 하지 않는다. 따라서 모든 조직은 위기 경고 시스템에 무슨 문제가 있는지 항상 점검해야 한다. 우리 주위의 많은 사건 사고들은 '검은 백조'와 '회색 코뿔소'로 설명할 수 있다.

위기관리의 중요성

지금까지 우리 정부는 갈등관리에 대한 역량을 강화하기 위해 많은 노력을 해 왔다. 갈등관리 매뉴얼 작성, 갈등영향 분석, 갈등관리 교육 등이 그것이다. 갈등관리에는 시간적 여유가 있다. 경주 중·저준위 방사능폐기물 처리장^{방폐장} 건설에는 30년의 시간이 걸렸다. 제주해군기지와 평택 주한미군기지 이전사업의 경우 갈등관리에만 4~5년이 걸렸다. 이와 같이 갈등관리에는 제도적 장치가 마련되어 있고 시간적 여유가 있지만 위기관리는 그렇지 않다. 중앙부처 중에서 위기관리 매뉴얼을 미리 마련해 두고 있는 곳은 거의 없다. 위기관리에 대한 교육도 거의 없다. 상황이 이렇다 보니 위기가 닥치면 공무원들은 개인적인 순발력과 경험을 바탕으로 알아서 대처하는 수준에 머물고 있다. 위기 상황하에서 국민과 소통하고 언론을 다루는 방법을 모른 채 우왕좌왕하다가 시간을 보낸다.

천안함 사건과 메르스 사태는 해당부처와 관계 공무원들이 위기관리에 실패한 대표적인 사례다. 국민과의 소통에 실패했고 초기 대응 노력과 소통 능력이 부족하여 정부가 국민적 신뢰를 상실하였다는 공통점을 가지고 있다. 위기관리는 다음과 같은 특징이 있다.

첫째, 위기가 발생하면 24시간 내지 48시간 내에 상황을 파악하고 초기 대처에 나서야 한다. 시간이 흐를수록 상황은 점점 악화되고 이해관계자들의 주관적 판단은 나쁜 쪽으로 점점 굳어지면서 이를 반전시키기가 힘들어진다.

둘째, 위기 상황이 어떻게 전개될지 매우 불확실하다. 이해관계자들의 행동을 예측하기도 힘들고 소셜미디어를 중심으로 한 여론의 향배도 예측하기 힘들다.

셋째, 위기가 닥치면 기존의 조직과 일하는 방식으로 대처하기 힘들다. 문제인식 → 대안모색 → 대안비교 → 최선안 선택이라는 교과서적인 의사결정 시스템으로는 위기상황에 제대로 대처할 수 없다. 빨리 결정하고 빨리 실행에 옮겨야 하지만 현장 상황을 제대로 파악할 수 없는 가운데 당장 해야 할 일들이 쓰나미같이 닥친다.

넷째, 위기 상황은 기존의 규범과 문화까지 바꿀 수 있다. 과거의 경험을 바탕으로 대응하려는 시도는 상황을 악화시킬 수 있다. 국민들은 정부에 대해 무한 책임을 요구하고 있다. 어디까지 정부 책임이고 어디까지 개인 책임인지 따지기 곤란하다.

위기 상황에서의 대응 지침

위기상황이 발생했을 때 단계별 대응 지침은 다음과 같다.

첫째, 위기관리 최고책임자CCO, Chief Crisis management Officer를 지명하는 것을 고려해야 한다. 세월호 사건과 살충제 계란 파동 때 위기관리를 담당할 정부의 CCO는 누구였는가? 행정부 내부 규정으로는 지정된 자가 있고 역할 분담이 있을 수 있지만 국민들은 알지 못했다. CCO를 지명하지 않을 수도 있지만 사건·사고가 심각할수록 공개적으로 CCO를 지명하는 것이 바람직하다. 공개지명은 CCO에게 책임과 권한을 부여하고 이를 국민에게 알리는 의미가 있다. CCO는 사건의 현장 지휘뿐만 아니라 국민과 소통하는 책임도 맡아야한다. 2015년 6월 승객과 승무원 458명을 태운 중국 여객선이 양쯔강에서 침몰하는 사고가 발생했다. 중국 정부는 리커창李克强 총리를 최고 위기관리 책임자로 지정하였고 그는 즉시 현장에서 구조 활동을 지휘하였다.

　둘째, 위기관리팀을 구성한다. 위기관리팀을 구성하지 않고 대응할 수도 있겠지만 기존 조직과 일상적인 업무처리 방식으로 대응할 수 없는 경우에는 즉시 위기관리팀을 구성해야 한다. 그 구성은 위기관리팀장, 사실관계담당, 언론담당, 부문별 담당^{예: 국회, 청와}^{대, 피해자 가족, 시민단체 등}, 기술담당, 변호사 등이 될 수 있다. 위기가 발생하면 확인되지 않은 수많은 정보가 폭주한다. 어디까지 확인된 사실이고 어디까지 미확인된 또는 가짜 정보인지 판단하기 어렵다. 현장에서 올라오는 정보가 가장 정확한데 현장마저 불난 호떡집 같은 상황이다. 대규모 화재현장을 생각해 보면 현장 소방관들도 모든 사실관계를 정확히 알기 어렵다. 이러한 정보의 혼란 상황에서 사실관계를 확인하고 확인된 사실관계를 바탕으로 보고서나 보도자료 작성을 책임지는 사람이 있어야 한다. 이것을 담당하는 자가 사실관계^{일명 스토리} 담당이다. 그는 실시간으로 모든 정보를 보고받고 가장 정확히 상황을 파악하고 있어야 한다.

　한편 모든 사건 사고에는 항상 기술적인 문제가 걸려 있다. 기술적인 문제가 없는 위기란 없다. 따라서 위기관리의 최초 단계부터 기술적 사항을 판단하거나 자문할 전문가가 반드시 필요하다.

　셋째, 빠른 시기에 최초 입장을 공식적으로 표명해야 한다. 가급적 24시간 이내에 해야 하며 이보다 빠르면 빠를수록 좋다. 최고

책임자예: 장관가 직접 발표하는 것이 좋다. 최초 발표 내용에는 유감 표명, 현장 수습, 향후 대책 등이 포함되어야 한다. 여기에는 진정성이 담겨야 한다. 이때까지 모든 사실관계가 완전히 확인되지 않을 수도 있다. 이 시점에서, 그리고 언론의 질문이 쏟아지는 상황에서 '모르는 것을 모른다고 하고 아는 것을 안다'고 하는 것만큼 용기 있는 행동도 없다. 거짓말을 하려는 공직자는 없을 것이다. 하지만 위기상황에서 거짓말하는 경우도 종종 볼 수 있다. 확인되지 않은 것에 대해서는 추정 언급도 하지 말아야 한다. 나중에 사실이 아닌 것으로 밝혀지면 국민과 언론은 거짓말했다고 한다.

넷째, 내부 직원에게 알려라. 내부직원들이 위기 상황의 내용, 진행 상황, 공식 입장 등을 언론을 통해 알게 해서는 안 된다. 내부 직원들도 고객이며 공식입장을 주변에 전파할 수 있는 그 부처의 대변인 역할을 할 수 있기 때문이다. 언론 브리핑 내용을 실시간으로 내부망에 올리는 노력만으로도 많은 효과를 얻을 수 있다.

다섯째, 좋은 스토리를 꾸준히 만들고 배포하여야 한다. 여기서 스토리란 분명한 사실관계에 입각하여 설득력 있게 정리한 것을 말한다. 이를 책임지는 사람이 사실관계스토리 담당자다. 그 형식은 보도자료, 보도참고자료, 언론 브리핑, 소셜미디어 등 다양할 수 있다. 많은 기자들과 이해관계자들은 사실관계에 굶주리고 있다. 정확한 현장정보를 바탕으로 하여 쉬운 내용으로 이해하기 쉽게 잘 정리된 자료는 위기 상황을 극복하는 가장 큰 무기다.

여섯째, 가짜뉴스fake news에 적극 대응해야 한다. 오늘날 세계 많은 정부들은 가짜뉴스에 시달리고 있다. 가짜뉴스는 내용과 형식이 매우 다양하며 진원지를 알기 어렵고 계속 변화한다. 가짜뉴스는 조회 수가 많은 것부터 6하 원칙에 입각하여 진실이 아님을 계속적으로 알려야 한다. 가짜뉴스는 쉽게 사라지지 않지만 실망하지 말고 꾸준히 대응하는 노력이 필요하다. 그러면 최소한 확산되는 것은 막을 수 있다. 더 이상 확산되지 않는 것만으로도 성과라고 할 수 있다.

마지막으로 위기 상황이 끝나면 국민들과 약속한 것을 하나씩 실천에 옮기는 노력이 중요하다. 위기상황은 언제 끝나는가. 언론과 국회에서 더 이상 질문이 없다면 위기상황은 끝난 것이다. 이때부터 제도적 예방노력을 성실히 해야 하고 이를 국민들에게 하나씩 알려야 한다. 그 과정에서 더욱 신뢰받는 조직으로 다시 평가받을 수 있다.

고맥락 사회
: 개떡같이 말해도 찰떡같이 알아들어라

공무원들이 하는 말에는 새겨들어야 할 표현들이 있다. 세 가지만 소개한다. 첫째, '제한된다'는 말이다. 예를 들면 '예산확보가 제한된다', '차량 통행이 제한된다', '인허가가 제한된다' 등이다. 정부의 문서나 보고서에 '제한된다'는 말은 '불가능하니 포기하는 게 좋겠다'는 뜻으로 해석하는 것이 좋다. '불가능' 또는 '금지'라고 차마 말하기 무엇해서 에둘러 '제한'이란 단어를 사용하는 것이다. 사전적 뜻에 충실해서 '일정한 한도에서는 가능하겠구나'라고 해석하면 오판할 가능성이 100%다. 공무원들이 '지원이 제한됩니다'라고 하면 지원받을 수 없는 것으로 해석하는 것이 몸에 이롭다. 기대하지 마시라.

둘째, '중장기적으로 검토하겠다'는 말은 '내 임기 중에는 하지 않겠다'는 말이나 다름없다. '지금은 생각하고 싶지 않다'는 뜻이 가득 담겨 있는 표현이다. '중장기적으로 추진 검토'란 표현에는

'단기적으로는 추진 안 함'이란 뜻이 숨어 있다. '중장기적이 언젠가요?'라고 묻는다면 개념 없는 질문이다. 그냥 넘어갈 수 없다면 이렇게 질문해야 한다. "지금 왜 안 하시려고 하는데요?" 이때 '지금'이란 '당신이 현 보직에 있을 동안'과 동의어다.

셋째, "의원님께서 지적하신 사항은 신중히 검토해보겠습니다."라는 표현이다. 여기서 '신중한 검토'란 '당신의 말은 검토할 가치가 없다.'라고 해석하는 것이 서로 편하다. 면전에서 단칼에 '검토할 가치가 없다'라고 말하기 뭐해서 '검토하겠다'고 하는 것이다. 따라서 '검토하겠다'는 것은 '검토하지 않겠다'는 말이나 큰 차이가 없다. 나중에 "그때 말한 것을 신중히 검토하고 있나요?"라고 묻는다면 당신은 바보다.

인류학자 에드워드 홀Edward Hall은 세계 여러 나라의 문화를 고맥락 문화high context culture와 저맥락 문화low context culture로 구분했다. 저맥락 문화권에서는 말하는 바가 의도하는 바와 일치한다. 서양은 저맥락 문화권이다. 고맥락 문화권에서는 말하는 것과 의도하는 바가 서로 다를 수 있기 때문에 눈치껏 해석이 필요하다. 전후좌우 사정을 살펴서 말하는 사람의 마음속 의도를 찾는 노력이 필요하다. 우리나라와 중국, 일본이 대표적인 고맥락 문화권이다.

중국어에는 많은 것이 함축되어 있다. 중국에서는 윗사람이 부하직원에게 "열심히 하면 당신도 진급할 수 있다"라고 말하는 것을 조심해야 한다. 듣는 사람은 '진급시켜 주겠다'로 해석할 수 있기 때문이다. 중국에서 사업하는 한국 사람들은 대화 중에 '다른 뜻이 없다'는 말을 종종 한다. 중국 직원들에게 '당신 부서가 개선할 점이 없느냐?'라고 물으면 회사가 감원하려는 것이 아닌가 생각한다. 많은 사람들이 들리는 대로 해석하지 않고 숨겨진 뜻이 뭘까, 고민하는 것이다.

일본인에게는 혼네本音와 다테마에建前가 있다. 겉으로 나타나는 행동다테마에과 본심혼네이 전혀 다르다. 일본인의 혼네까지 알려면 굉장히 오래 사귀어야 한다. 일본에서는 영원히 그 사람의 혼네를 알 수 없다는 말도 있다. 그렇다고 다테마에가 거짓말이나 위선을 의미하는 것은 아니다. 마치 우리나라 공직자들이 검토할 생각이 없음에도 불구하고 '검토해 보겠다'고 하는 것을 거짓말이라고 할 수 없는 것과 같은 이치다.

일본인들이 "지금은 바빠서 처리해 드릴 수 없습니다."라고 한다고 해서 한가해지기를 기다린다면 어리석은 행동이다. 1969년 미·일 정상회담 때 사토 당시 일본 총리가 미국 대통령의 제안에 "선처하겠다."라고 발언한 것을 통역이 "I will do my best최선을 다하겠다"로 번역한 일화는 유명하다. 일본에서는 업무상 거절할 때 "선처하겠습니다.", "검토하겠습니다."라고 하는 경우가 보통이다.

우리나라도 크게 다르지 않다. 대통령이 공직자들에게 "골프 쳐도 된다."고 해도 곧이곧대로 들으면 낭패 보는 경우도 있다. 일단 전후 사정을 살피고, 다른 사람들은 어떻게 처신하나 둘러보고, 그 다음에 골프를 칠 것인지 말 것인지 결정하는 것이 공직생활을 오래 하는 비결이다.

윗사람이 "빨리 퇴근해.", "회식 장소는 당신들이 알아서 정해.",

"이번 주말에 별일 없는 사람만 사무실에 나와도 돼."라고 말해도 새겨듣는 것이 좋다. 상사가 이렇게 말하면 다음과 같이 처신하는 것이 좋다. "과장님께서 퇴근하지 않으시는데 제가 어찌 먼저 퇴근하겠습니까? 과장님 먼저 퇴근하신 후 퇴근하겠습니다.", "저희들은 어느 식당이라도 좋습니다. 과장님께서 식당을 정해 주십시오.", "저는 이번 주말에 별일 없습니다. 출근하겠습니다."

윗사람의 진심인지 아닌지를 확인하고 행동하는 것이 공직생활이 편해지고 윗사람으로부터 인정받는 길이다. 이것이 누적되면 당신은 승진의 지름길에 서 있다. 설령 윗사람의 말이 표현 그대로가 진심일지라도 적당히 아부성 처신을 하는 것이 여러모로 이롭다. 이 세상에 아부하는 부하직원을 싫어하는 상사는 없다. 단 적당한 수준이어야 한다. 눈에 넣어도 아프지 않을 정도로.

고맥락 사회는 의사소통에 비용이 발생한다. 상대방의 진의를 알기 위해 머리를 굴리는 시간과 노력이 필요하다. 잘못 알아들으면 정보의 왜곡이 일어나기도 한다. 윗사람이 지시한 내용에 불명확한 점이 있으면 반드시 확인하고 넘어가는 버릇을 길러야 한다. 사소한 왜곡일지라도 누적되면 조직의 효율성이 떨어진다. 정보를 잘못 해석한 책임은 아랫사람에게 돌아가게 마련이다. 그래서 이런 말도 생겨났을 것이다. "윗사람이 개떡같이 말해도 아랫사람은 찰떡같이 알아들어야지."

정부 조직뿐만 아니라 가정도 우리 사회의 일부이므로 고맥락 사회의 문화적 특성에서 예외가 될 수 없다. 출근할 때 아내가 말한다.

"오늘 금요일인데 약속 있으면 나 신경 쓰지 말고 재밌게 놀다 와."

이 말은 이렇게 해석하는 것이 가정의 평화를 위해서 좋다.

"오늘 빨리 안 들어오면 죽을 거야."

한때 몇몇 부처에서는 금요일 오후 4시에 퇴근하는 제도를 실시한다고 공표했다. 과장, 국장이 직원들에게 말한다.

"한 사람도 빠짐없이 4시에 컴퓨터 끄고 퇴근하세요."

하지만 상사는 마음속으로 이렇게 생각하고 있을지도 모른다.

"오늘 못다 한 일은 주말에 나와서 하겠지…."

연구용역과 컨설팅은
제대로 하라

2017년 9월 당시 주경환 산업통상자원부 장관은 철강업계와 석유화학업계에 생산설비 축소를 주문했다. 공급과잉이 예상되므로 선제적 구조조정을 요구한 것인데, 업계는 현실성이 없다며 반발하였다. 그런데 정부_{산업부}의 이 같은 주장은 외국계 컨설팅 보고서를 바탕으로 한 것이라고 한다. 이에 대해 언론과 산업계에서는 세 가지 점을 비판하였다.

① 외국계 컨설팅사가 우리나라 주요 산업의 재편방향을 불과 3~4개월 만에 '뚝딱' 만들어 낼 수 있느냐.
② 컨설팅을 의뢰한 것은 정부가 책임지지 않으려는 것은 아닌가.
③ 정부가 전면에 나서기 부담스러워 컨설팅사 뒤에 숨어서 구조조정을 지휘하는 것이 아닌가.

필자가 현직에 있을 때 종종 곤혹스러웠던 경우는 실무부서에서 연구 과제나 컨설팅을 발주하려고 하는데 이를 거부하고 싶을 때였다.

"이 연구과제^{또는 컨설팅} 꼭 해야 하나요?"

"왜요? 실장님께서는 이 연구가 불필요하다고 생각하시나요?"

"반드시 그렇지는 않지만… 연구원에서 박사들이 연구하기보다는 실무자들이 직접 해도 될 것 같은데요."

"저희들은 바빠서 할 수가 없습니다."

"바빠서 못 하신다면 안 하면 되죠? 한가해져서 업무 부담이 적을 때 실무자들이 직접 하면 더 좋고…."

"저희들이 열심히^{연구용역} 하겠다고 하는데 왜 그러세요."

"…."

대화가 여기까지 진행되면 연구과제나 컨설팅 발주에 반대하는 상사는 실무자들이 열심히 일하지 못하게 하는 걸로 낙인찍힐 수 있다. 정부 부처 실무자들은 연구용역을 제기하고 관리하는 것만으로도 업무의 많은 부분을 처리할 수 있다. '연구과제 관리=업무수행'으로 착각하는 경우도 많다. 연구용역은 일종의 '컨설팅'이다. 정부 부처들이 연구용역을 좋아한다면 기업들은 컨설팅을 좋아한다.

컨설팅^{consluting}의 사전적 정의는 '어떤 분야에 전문 지식을 가진 사람이 고객을 상대로 상세하게 상담하고 도와주는 것'이다. 기업들은 많은 돈을 들여 컨설팅을 의뢰하고 그 결과를 경영에 반영하고자 한다. 컨설팅에 관한 기업의 사례를 살펴보자.

LG전자는 2007년부터 회사 전반에 걸쳐 세계적인 컨설팅 그룹

매킨지의 컨설팅을 받아 왔다. 하지만 지금 LG전자는 매킨지의 이름만 들어도 치를 떤다고 한다. 매킨지의 컨설팅이 LG전자의 경영 방향을 잘못 트는 데 영향을 미쳤다는 견해가 많다. 다음은 2013년 6월 19일자 조선일보 C5쪽 기사 내용 중 일부다. 기사 제목은 '1,000억 들여 했는데… 국내 컨설팅 잔혹사'이며 글쓴이는 이신영 기자다.

국내 기업인들 사이에서도 컨설팅을 받을 필요가 있나, 없나를 놓고 의견이 분분하다. 컨설팅 무용론자들이 흔히 드는 사례 중 하나는 LG전자이다. LG전자가 스마트폰 시장 대응에 뒤처진 원인 중 하나가 컨설팅 회사라는 것이다. 매킨지는 2007년 남용 부회장이 취임하면서 LG전자 경영 전략에 깊숙이 관여했다. 당시 매킨지는 단기간 내에 스마트폰 시장 성장이 제한적일 것으로 보고 저가 휴대폰이나 저가 노트북 등 신흥국용 제품을 확대하라고 조언을 한 것으로 알려져 있다. 당시 매킨지는 매년 300억 원 내외씩 총 1,000억 원 정도의 컨설팅 수수료를 받아간 것으로 알려지고 있다.

정부에는 많은 국책연구소가 있다. 한국개발연구원, 국토연구원, 산업연구원, 한국농촌경제연구원, 한국여성정책연구원, 한국형사정책연구원, 한국행정연구원, 한국환경정책평가연구원, 통일연구원, 한국조세재정연구원, 한국국방연구원 등이다. 정책지식 생태계라는 말이 있다. 정부 부처, 국책 연구소, 공공 연구소, 대학 연구소, 시민단체 연구소 등 다양한 주체들이 정책 이슈에 대해 다양한 의견을 내고 이에 대한 활발한 토론과 평가를 함으로써 좋은 정책 지식이 쌓여간다면 정책지식 생태계가 건전하게 발전해 가는 것이다. 하지만 국책연구소가 소속 부처의 손발 노릇이나 한다면, 국책연구소 박사들이 대학으로 자리를 옮길 생각만 한다면, 선거캠프에 기웃거리는 대학교수들은 많지만 대학 연구소가 정부 정책에 대해 구체적이고 적실성 있는 지식을 제공하지 못한다면 정책지식 생태계는 병들어 갈 것이다.

국방부를 주식회사라고 한다면 한국국방연구원은 '(주)국방부'를 지원하는 컨설팅 회사라고 할 수 있겠다. 그렇다면 두 가지 점이 궁금하다. 첫째, (주)국방부는 제대로 컨설팅을 의뢰하고 있는가, 둘째, 한국국방연구원은 (주)국방부에 제대로 컨설팅을 하고 있는가. 국방부가 한국국방연구원에 연구과제를 제기하는 경우는 세 가지로 살펴볼 수 있다. 이 사례를 다른 부처에도 일반화시킬 수 있을 것으로 본다.

첫째, 국방부 능력으로서는 도저히 할 수 없어서 과제로 제기하는 경우다. 여기서 능력 부족이란 방대한 자료 수집과 분석 그리고 이론적 방법론 등이 요구되는 경우라고 하겠다. 예를 들면 군인연금재정분석 사업이 대표적인 사례다. 향후 2060년까지 장기재정 추계는 국방부 군인연금과의 능력으로는 불가능하다. 이론적 지식과 함께 복잡한 계산식과 많은 가정이 동원되어야 하는 고난도 작업이기 때문이다.

둘째, 국방부가 할 수는 있지만 현업부서이기 때문에 차분히 앉아서 연구할 수 없으므로 연구원에 연구를 맡기는 경우다. 대규모 여론조사, 대량의 자료 수집 및 분석이 요구되는 경우라고 하겠다.

셋째, 국방부가 직접 하자니 부담이 되어 연구원으로 미루는 경우다. 국방부가 직접 하면 관련 기관으로부터 욕먹을 수도 있겠고 결과에 대한 비난을 직접 받기 싫어서 연구원을 빌려서 방안을 마련해 보겠다는 의도다.

넷째, 국방부나 각 군에서 당연히 해야 할 사안인데도 이를 연구원에 과제로 제기하는 사례도 있다. 실무자들은 팔짱 끼고서 '연구원이 얼마나 잘하나' 지켜보는 경우다. 연구 필요성에 대해 절박감도 없고 연구결과를 실천할 의지도 처음부터 없어 보인다. 정책부서의 추진 의지에 달린 문제를 '연구해서 답을 내놓아라' 하는 것은 마치 '내가 무엇을 생각할지 알아맞혀 봐.'라는 말과 같다.

마지막으로 면피성 연구다. 사회적 이슈가 되어 국회나 이익단체 등에서 문제가 제기될 것이 뻔한 것을 연구원에 과제로 부탁하는 경우다. 국회에서 대책을 묻는 질의가 나오면 "연구하고 있습니다." 라는 답변으로 넘어갈 수 있기를 기대하는 것이다.

이렇게 말하면 필자가 국방부만을 지적하는 것 같지만 이러한 현상을 다른 정부 부처에서도 흔히 찾아볼 수 있다. 이렇게 여러 가지 목적으로 연구과제를 제기하다 보니 매년 국책연구원이 수행하는 과제 건수는 늘어나고 정책부서 실무진의 능력은 떨어지기도 한다.

박태현은 『부하직원이 말하지 않는 진실』에서 컨설팅의 문제점을 다음과 같이 지적하고 있다.[8] 외부 연구와 컨설팅을 선호하는 공직자들에게 들려주고 싶은 이야기다.

첫째, 컨설팅은 내부 불신의 표상이다. 직원들의 역량을 신뢰하지 못하는 리더가 컨설팅을 선호한다. 실무자들은 윗사람의 결정을 쉽게 받아내기 위해 컨설팅을 좋아하기도 한다.

둘째, 컨설팅은 뒷일을 책임지지 않는다. 컨설턴트가 떠난 자리에는 직원들 또한 남아 있으려고 하지 않는다. 그 부담스러운 뒤처리를 누가 하려고 하겠는가.

셋째, 컨설팅은 후유증을 낳는다. 가장 큰 후유증은 조직의 업무 스피드를 저하시킨다는 것이다. 컨설팅의 화려한 보고서에 넋을 뺏긴 당신은 직원의 보고서를 걸레짝처럼 여긴다.

넷째, 컨설팅은 중독성이 강하다. 효과가 없다는 것을 알면서도 마약처럼 다시 찾게 된다. 컨설팅에 의존하면 할수록 직원들은 혼자서는 아무것도 하지 못하는 바보가 되기 때문이다.

기업에서는 컨설팅 회사의 능력도 중요하지만 컨설팅을 제대로 받는 것을 더 중요시하고 있다. 그 원칙들은 다음과 같다. 정부 부처가 발주하는 연구용역도 이러한 원칙하에서 제기되고 수행되는 것이 바람직하다.

❶ 컨설팅을 의뢰하는 목적이 분명해야 한다.
❷ 컨설팅 회사에게 모든 걸 맡기지 마라.
❸ 필요한 것을 확실하고 구체적으로 요구하라.
❹ 좋은 아이디어만으로는 부족하고 구체적인 실행 방안이 담겨야 한다.
❺ 의뢰하는 사람이 준비가 안 된 채로 돈만 많이 주는 것은 소용없다.
❻ 컨설팅 업체에 컨설팅을 의뢰하는 목적에 대해 조직 내 충분

한 합의가 필요하다.

❼ 의뢰한 컨설팅 결과에 대해 조직 내에 책임을 지는 사람이 있어야 한다.

❽ 아이디어 50%, 실행 50%의 비중으로 컨설팅 용역을 발주해야 한다.

21세기는 경청하는
리더의 시대다

유재석 씨는 대한민국 최고의 MC다. 그가 맡은 많은 프로그램은 꾸준히 성공했고, 특별한 안티 없이 모든 국민들이 그를 좋아한다. 유재석 씨의 여러 장점 중의 하나는 상대방의 이야기를 잘 듣는 데 있다. 박지종의 『유재석 배우기』 내용 중 일부다.[9]

유재석은 자기가 하고 싶은 말을 하는 것이 아니라 상대에게 최대한 맞추는 말을 한다. 유재석 듣기의 핵심은 바로 여기에 있다. 상대의 말을 제대로 듣고, 그 말에 대해서 상대에게 맞춰주는 대꾸를 하는 것이다.

"소녀시대 너무 예쁜 것 같아."

"아~ 소녀시대 예쁘지, 누가 제일 예쁜 것 같은데?" → 유재석식 반응

"아~ 잘 보시네. 진짜 예쁘죠? 누가 제일 예뻐요?" → 유재석식 반응

공무원 탐구생활

현재 병상에 있는 이건희 삼성 회장의 경영철학은 '경청敬聽'이다. 상대방을 공경하는 마음敬으로 듣는다聽는 뜻이다. 이건희 회장이 삼성에 입사한 첫날, 고 이병철 선대 회장으로부터 '경청'이라는 휘호를 선물 받았다고 한다.

서울 역삼동에 있는 풍림산업 본사 건물 현관에는 다음과 같은 글의 액자가 걸려 있다. 「以聽得心하니 傾聽 또 敬聽하라.」 남의 이야기를 들음으로써 그 마음을 얻나니 귀 기울여 듣고, 상대방을 공경하는 마음으로 들으라는 뜻이다.

소설 『삼국지』에 나오는 유비劉備는 귀가 유난히 컸다. 사실 유비의 지도력은 그리 뛰어나지 않았다. 다만 남의 이야기를 잘 들을 줄 아는 장점이 있었다. 이 덕분에 유비는 관운장과 장비 같은 명장을 거느리고 제갈량 같은 천재적인 참모를 둘 수 있었다. 제갈량이 유비를 끝까지 보필한 것도 유비에게 남의 말을 잘 듣는 큰 귀가 있었기 때문이다. 유비는 입으로 정치를 한 것이 아니라 귀로 정치를 하였다.

부하직원들이 가장 미워하는 상사는 자기 혼자만 이야기하는 사람이다. 회의 때도 혼자 떠들고, 실무자가 보고하는 중간에도 자신의 말만 쏟아내다시피 하는 그런 상사 말이다. 부하직원들이 무슨 이야기라도 하려고 하면 중간에 가로막고 자신의 이야기를 끝없이 한다. 더욱 미운 것은 그의 이야기가 틀린 말이 아니라는 것이다. 하지만 많은 직원들은 뒤돌아서서 불평한다. "똑똑한 당신이나 잘 해 보시지." 그 상사도 자신의 그러한 습관을 고쳐야 한다고 생각하겠지만 쉽지 않다. 생각과 실천은 서로 다른 차원의 문제다.

경청을 강조하는 말은 수없이 많지만 몇 가지만 소개한다. 레리 바크와 키트 왓슨의 『마음을 사로잡는 경청의 힘』에는 다음과 같은 내용이 있다.[10]

- 성공은 혀가 아니라 귀에 달려 있다. 우리는 직급이 올라갈수록 더 많은 말을 들어야 한다. (22쪽)
- 무조건 들어라. 그리고 상대방에 대해 호기심을 가져라. 사람은 누구나 자신의 말에 귀 기울여 주는 사람과 함께하고 싶어 한다. (28쪽)
- 협상이나 논쟁의 자리에서 묵묵히 듣고만 있는 상대방을 가장 두려워해야 한다. (31쪽)
- 경청이 없을 때 우리는 무수히 많은 기회와 돈, 심지어 목숨까지 잃게 된다. (43쪽)
- 경청하는 자가 대화의 주도권을 잡는다. (46쪽)
- 대화의 주도권은 청자(聽者)가 쥐고 있다. (53쪽)
- 미국의 매스컴에서 최고의 달변가로 꼽히는 오프라 윈프리와 래리 킹 두 사람은, 최고의 말하기란 최고의 듣기에서 나온다는 것을 증명해 준다. (59쪽)

스콧 맥닐리 선 마이크로시스템의 창업자 겸 CEO는 다음과 같이 말했다.

"경청은 대화의 과정에서 당신에 대한 신뢰를 쌓을 수 있는 최고의 방법이다. 당신이 경청하면 상대는 본능적으로 안도감을 느끼고 당신에게 무의식적인 믿음을 갖게 된다. 자신의 말을 경청해 주는 사람을 싫어하는 이는 세상에 존재하지 않는다. 선 마이크로시스템에서 주는 월급의 40%는 경청의 대가이다."

『초우량기업의 조건』의 저자 톰 피터스는 "20세기가 말하는 자의 시대였다면 21세기는 경청하는 리더의 시대가 될 것이다. 경청의 힘은 신비롭기까지 하다. 말하지 않아도, 아니 말하는 것보다 더 맹목적으로 사람의 마음을 잡기 때문이다."라고 했다.

1987년부터 아나운서를 한 이숙영 아나운서는 다음과 같이 말했다. "대화의 요체는 내가 말을 잘하는 것이라기보다는 남의 말을 얼마나 잘 듣느냐는 것입니다. 하나를 이야기했으면 둘을 듣고, 셋을 맞장구치는 1.2.3법칙을 지켜야 합니다." 우리나라에서 가장 말 잘하는 사람이 남의 말을 잘 듣는 방법에 관한 책을 펴낸 것이 흥미롭다. 이숙영 씨는 『이숙영의 맛있는 대화법』스마트비즈니스 펴냄, 2007이란 책을 펴냈다. 다음은 이 책에서 그녀가 권하는 대화의 기술이다.

1. 먼저 말하지 말고 들어라.
2. 눈을 마주치고 정성껏 귀를 기울이라.
3. 웃는 얼굴로 맞장구치라.
4. 겸손을 무기로 삼아 상대방의 마음을 열라.
5. 적절한 칭찬으로 상대방을 무장해제 시켜라.
6. 나를 제물로 삼아 상대방을 웃겨라.

7. 대화 중 모르는 것은 모른다고 해라.

8. 가까운 사이일수록 존중하라.

9. 중언부언하지 말고 요점만 말하라.

10. 책과 신문을 통해 다양한 목소리를 들으라.

조직 생활뿐만 아니라 연애할 때도 경청은 큰 힘을 발휘한다. 시오노 나나미의 『나의 인생은 영화관에서 시작되었다』에는 미국 영화감독 빌리 와일러가 동년배의 영화배우 게리 쿠퍼의 장점을 다음과 같이 이야기한다.

그^{게리 쿠퍼}가 세상의 모든 여자에게 인기를 누린 것은 딱히 멋진 대화 솜씨를 가져서가 아니야. 다만 그는 들을 줄 알았어.

이건 확신을 가지고 하는 말인데, 여자 이야기를 들을 때 그는 특별히 집중하지도 않았지. 다만 계속 떠들어 대는 여자에게서 시선을 떼지 않고, 때로 다음의 세 마디 가운데 한마디를 곁들이는 거야.

"설마〜"

"정말로?"

"그건 처음 듣는 말인데⋯."

이런 식으로 여자에게 속내를 털어놓게 만드는 사이에 여자들은 자연히 그에게 몸을 던지게 되는 거야.[11]

우리들은 토론에 임할 때 내 의견을 관철시켜야겠다는 생각부터 먼저 하는 경향이 있다. 마음속에 이런 의도가 깔려 있다면 상대방의 의견을 경청할 생각은 애당초 없는 것이다. 상대방보다 내가 말을 많이 해야 상대의 의견을 꺾고 내 생각을 관철할 수 있다는 생각에 사로잡혀 있다. 어쩌다 상대방의 말을 듣는 경우는 약점을 찾아내어 공격하기 위함이다. 이렇게 되면 경청은 저 멀리 달아나 버린다.

경청은 내 마음을 비우고 상대방의 옳음을 찾아가는 과정이다. 상대방과 공감하려는 마음가짐이 없이는 진정한 경청은 불가능하다. 노래 「가시나무」의 가사는 이렇게 시작한다. "내 속엔 내가 너무도 많아. 당신의 쉴 곳 없네." 내 머릿속에 내 생각으로만 가득 차 있고 이것이 옳다고 확신한다면 상대방의 생각이 비집고 들어올 틈이 없다. 이래서는 경청이란 불가능하다.

모든 공직자들은 상대방의 말을 잘 들을 줄 알아야 한다. 남의 말을 제대로 듣는다면 그는 훌륭한 리더이고 부하로부터 존경받는 상사가 될 것이다. 때와 장소를 불문하고 상대방보다 당신이 말을 더 많이 하였다면 당신은 잘못 처신한 것이다. 경청을 제대로 실천하기란 매우 어렵다. 굳센 각오와 꾸준한 노력이 필요하다.

우리 사회에서 "그 사람 말~ 참 잘한다."는 것은 칭찬이 아니라 비난이다.

공무원과 기자,
애증이 교차하는 공생 관계

"기사 좀 잘 써주세요."

출입기자들에게 이렇게 한두 번 부탁 안 해 본 공무원은 없을 것이다. 그러면 기자들은 이렇게 답한다.

"기자는 기사를 쓰는 사람이지 써주는 사람이 아닙니다."

공무원에게 언론은 홍보의 수단이기도 하고 예고 없이 공격하는 적이 되기도 한다. 우리나라에는 약 2,800여 개의 언론매체가 있다. 신문의 경우 〈조선〉〈중앙〉〈동아〉가 전체 유료발행부수의 3/4를 차지하고 있다. 하지만 방송, 인터넷 매체 등으로 홍보의 수단은 많아지고 있고, 소셜미디어의 등장으로 국민들은 저마다의 1인 방송 매체를 가지고 있는 거나 다름없는 시대가 되었다. 공무원들의 언론 다루기는 점점 중요해짐과 동시에 힘들어지고 있다.

공무원들은 업무와 관련된 언론보도에 항상 관심을 가지고 있다.

모든 부처는 아침마다 조간신문 기사 스크랩을 하고 내부망에 올린다. 아침부터 조간기사를 훑어보는 것은 청와대부터 중앙부처와 지자체에 이르기까지 예외가 없다. 신문뿐만 아니라 소셜미디어에 올라오는 뉴스에도 관심을 가져야 한다. 스마트폰이 등장한 이후 뉴스는 실시간으로 소셜미디어에 올라온다. 신문기자들은 자신이 쓴 기사가 스마트폰 뉴스에 간택되기를 간절히 희망한다.

정책 담당자들은 잘못된 보도가 나오면 즉시 해명자료를 언론에 배포한다. 사안이 심각하고 그냥 둘 수 없다고 생각하면 정정보도 등 적극적으로 대응하기도 한다. 이는 모두 사후적 언론대응이다.

적극적 언론 대응으로서는 보도자료press release 배포가 대표적이다. 공무원이 기사를 써 달라고 부탁해도 기자는 뉴스로서의 가치가 있어야 기사를 쓴다. 보도자료를 아무리 뿌려도 기사화되지 않은 것은 뉴스로서의 가치가 없기 때문이다. 기자는 뉴스거리가 된다고 생각하면 찾아서라도 기사를 쓰게 마련이다. 이러한 기자를 업무적으로 상대해야 하는 공무원들은 피곤하다. 밥도 같이 먹고 술을 같이 마시기도 하지만 '뉴스 가치' 앞에서는 냉정해지기 마련이다.

언론사 기자 또한 매우 힘든 직업이다. 남보다 빨리 보도해야 하고, 하나라도 놓쳐서는 안 된다. 매일매일 다른 매체들과 비교 당하고 있고, 같은 출입처의 다른 언론사 기자들과 경쟁관계이다. 본사데스크에서는 주문과 지시가 수시로 떨어진다. 퇴근해도 퇴근하는 것이 아니다. 항상 긴장하며 살아야 하는 것이 기자라는 직업이다. 공무원들로서는 기자들과 친하게 지내는 것도 중요하지만 기자들이 궁금해하는 것을 꾸준히 알려주고 기사를 쓰지 않고는 못 배길 정도의 뉴스 가치가 있는 보도자료를 만들어야 한다.

그렇다면 기자들이 좋아하는 보도자료는 어떤 것일까. 뉴스 가치가 있다면 보도자료의 형식과 내용은 아무런 문제가 되지 않는다. 보도자료를 작성할 때는 대략 다음 몇 가지를 고려해야 한다. 첫째, 뉴스로서의 가치가 있어야 한다. 새로운 사건이나 소식이어야 하고 국민들이 관심을 가질 만한 사안이어야 한다. 정부 당국이나 공무원 입장이 아니라 독자나 기자들 입장에서 새로운 내용을 꼭 집어서 보도자료를 만들어야 한다.

둘째, 정직하고 객관적으로 작성해야 한다. 언론에게 절대로 거짓말을 해서는 안 된다. 보도자료에 '최고', '최대', '최초'라는 과장된 수식어보다는 구체적인 데이터를 제시함으로써 설득력을 가져야 한다.

셋째, 간결하고 쉽게 써야 한다. 신문에는 하루에 수백 개의 기사가 실린다. 기자들은 하루에도 수십 건의 보도자료를 받아본다. 방송에서 한 건의 기사는 길어야 2~3분을 넘지 않는다. 불필요한 단어는 빼고 핵심적인 내용을 적어라. 전문용어는 가급적 생략하고 중학생 수준이면 이해할 수 있게 써야 한다. 공무원이 한 분야에서 오래 근무하다 보면 자신도 모르게 전문용어가 낯설지 않게 되지만 일반 독자는 그렇지 않다. 국민 일반의 눈높이에 맞추어야 한다.

넷째, 첫 문장이 중요하다. 첫 문장은 전체를 한두 문장으로 압축한 것이어야 한다. 이것만 읽어도 대부분 이해할 수 있어야 한다.

중요한 내용은 가급적 앞에, 덜 중요한 것은 뒤에 적어야 한다. 이른바 역피라미드식 서술이다. 독자는 앞부분부터 읽기 마련이다. 신문 편집은 지면이 부족하면 뒤에서부터 잘라버린다.

다섯째, 고치고 또 고쳐라. 글은 고칠수록 좋아진다. 단어와 표현도 바꾸어 보고 일반 독자의 입장에서 다시 생각해 보아야 한다. 나의 주관적 논리에 빠지지 않았나, 생각도 해 보고, 제3자에게 검토를 부탁하는 것도 좋다.

그렇다면 기자들은 어떤 보도자료를 싫어할까? 뉴스 가치가 없는 보도자료는 쳐다보지도 않을 것이다. 읽어보아도 호기심이 생기지 않는다면 그냥 쓰레기통으로 들어간다. 보도자료만으로 충분한 정보를 얻지 못하는 경우도 싫어한다. 보도자료를 읽고서 궁금증이 꼬리에 꼬리를 문다면 잘못된 것이다. 첨부 파일이 많은 경우도 혐오 대상이다. pdf, ppt 같은 첨부 자료를 당신도 귀찮게 생각하지 않는가.

지금까지 말한 것은 홍보차원의 언론 대응이다. 이는 미리 계획하여 대응할 수 있다. 하지만 사건 사고 등 예기치 못한 위기 상황이 발생할 때 언론을 통해 국민과 소통하는 능력도 중요하다. 언론은 사건 사고와 같은 비일상적인 상황과 부정적인 뉴스로 먹고 살아간다고 해도 과언이 아니다. 언론에 보도되지 않는 위기라면 진정한 위기라고 할 수 없다. 언론에 보도되기 때문에 위기가 되는 것이다.

위기가 발생하면 언론은 쓰나미같이 몰려와 취재에 열을 올린다.

위기는 언론의 매력적인 취재 대상이다. 하지만 위기 상황하에서 많은 공무원들은 언론에 나서기를 두려워한다. 갑자기 발생한 사건 사고에 대해 정확한 사실관계를 알지 못하기 때문에 언론 앞에 나설 자신이 없기 때문이다. 위기 상황에서 초기 언론 대응은 잘해야 본전이다. 아직 사실관계도 제대로 파악되지 않았고 입장 정리도 안 된 상황에서 잘못 말했다가는 위로부터 책임 추궁을 당할 것이 뻔하기 때문이다. 내가 말하는 대로 언론이 기사를 써줄지도 장담할 수 없다. 사전에 준비한 내용을 가지고 홍보는 해 보았겠지만 위기 상황하에서 기자들 앞에 서 본 경험이 없기 때문이다.

2010년 3월 천안함 피격 사건 때 우리 군의 언론대응 능력은 매우 부족하였다. 『천안함 피격 사건 백서』는 다음과 같이 지적하고 있다.[12]

(언론 공보)는 (천안함 사건) 초기상황에서 정보 부재에 따른 언론과의 갈등관계가 지속된 가운데 오·왜곡 보도가 증가하면서 군에 대한 불신을 초래했다. 이는 위기상황 시 군 작전상황에 대비한 상황관리 능력의 부족, 전략적 언론 관련 조치 미흡 등 공보시스템 전반에 걸쳐 과제를 남겼다. (…) 군은 초기 상황에서 선제적 공보 조치를 위한 회의체를 실효성 있게 구성하지 못했다.

2015년 메르스 사태 때 정부가 국민에게 주는 메시지는 실제 상황과 달랐으며 이로 인해 국민의 불안감은 증폭되었다. 『2015년 메르스 백서』는 신종 감염병 시대를 맞는 위기소통 역량이 필요하

다고 다음과 같이 강조하였다.[13]

메르스 유행에서 경험한 것처럼 정보의 확산 속도가 빠르므로 선제적 대응전략이 필요하다. (…) 다양한 이해 당사자 간의 일관성 있는 대응, 즉 관계부처 간 공조체제를 구축하여 대중에게 일관된 메시지를 제공할 수 있어야 한다. 이를 위해 중앙부처 및 지방자치단체 관계자들을 대상으로 한 위기소통 교육·훈련 프로그램을 구성 및 운영하여 정부 부처 관계자들의 역량을 강화시켜야 한다.

위기 상황일수록 기자들은 사실관계에 목말라한다. 하지만 공직자로서는 아는 것과 확인된 것만 정직하게 설명해야 한다. 언론은 결코 기만의 대상이 아니다. 잠시 숨길 수는 있을지언정 언제까지 숨길 수 있는 것은 없다. 나중에 명명백백하게 밝혀질 것이 뻔한데도 순간을 모면하기 위해 거짓 해명하는 경우를 종종 볼 수 있다. 나중에 더 큰 화로 다가올 것임을 명심해야 한다.

기자들 앞에서 의도적으로 거짓말을 하는 공직자는 없을 것이다. 하지만 추정 언급도 피해야 한다. 나중에 사실이 아닌 것으로 밝혀지면 '거짓말했다'고 한다. 모르는 것은 '모른다'고 하는 것이 필요하다. 그러면서 왜 모를 수밖에 없는지, 그것을 확인하기 위해 어떠한 각고의 노력을 하고 있는지를 정직하고 솔직하게 설명하는 것이 중요하다. 이는 쉬운 것 같지만 용기가 필요하고 평소 준비와 훈련이 있어야 한다. 언론으로부터 말하기 곤란한 질문을 받았을 때는 다음과 같이 단호히 대응하는 것이 바람직하다.

- 그 사안은 확인해 줄 수 없습니다.
- 우리는 그러한 정보를 가지고 있지 않습니다.

- 제가 말씀드릴 사안이 아닙니다.
- 제가 말씀드릴 위치에 있지 않습니다.
- 상황을 가정하여 말하는 것은 적절치 않습니다.
- 확인해서 알려드리겠습니다. 확인되는 대로 알려드리겠습니다.

공무원 탐구생활

회의會議가 많아지면
회의懷疑가 된다

會而不議, 議而不訣, 訣而不行

모여도 논의는 안 하고, 논의해도 결정은 안 하고, 결정은 해도 실행은 안 한다.

　중국의 회의 문화를 표현한 말이다. 오늘날 많은 직장인들은 회의로 시작해서 회의로 하루를 보낸다고 해도 과언이 아니다. 정부도 예외가 아니다. 정부 부처만큼 회의의 연속인 조직도 드물 것이다. 회의를 많이 하는 조직치고 업무 효율성이 높은 경우는 찾기 힘들다. 하지만 회의가 많은 것이 문제가 아니라 가짜 회의가 많은 것이 문제다. 회의란 집단 지성collective intelligence을 발휘하기 위한 도구다. 의견 교환을 통해 개개인의 생각보다 더 나은 결과를 만들어 내는 것이 집단지성이다. 하지만 우리나라의 경우 집단지성을 위한 '진짜 회의'는 별로 없고 '가짜 회의'가 넘쳐나고 있다. 우리나라 조직에서 회의의 특징을 다음 몇 가지로 정리할 수 있다.

- 회의한 것을 일한 것으로 착각한다.
- 회의라고 해서 가 보면 일방적 지시나 전달사항을 알리는 경우가 대부분이다.
- 윗사람은 말하고 아랫사람은 적는다.
- 회의 자료를 먼저 읽어보고 오는 경우는 없고 회의실에 와서야 읽는다.
- 회의에서 말을 많이 하는 사람은 손해 본다. 중간쯤 해야 좋다.
- 회의를 통해 얻는 가시적인 성과가 별무다.

초등학교 학생에게 회의를 시키면 자유로운 분위기에서 다양한 이야기가 쏟아져 나온다. 하지만 교사들끼리 모여 회의하면 정반대 분위기다. 초등학교 시절엔 우리들의 생각은 말랑말랑했고 대화는 솔직하고 자유로웠다. 하지만 학교를 졸업하고 사회에 나와 조직에 몸담고부터는 초등학교 때 장점은 어느새 사라지고 눈치만 늘어간다. 성인들의 회의가 눈치 보기 회의가 되어 가는 이유다. 다음은 이홍의 『지식점프』에 나오는 내용이다.

몇 해 전 한 기업과 일할 때 이야기다. 이 회사의 한 이사는 알 듯 모를 듯한 희한한 말을 했다.

"우리 회사를 한마디로 표현하면 이렇습니다. 言卽心, 言卽行 言卽損, 이게 우리 회사입니다."

무슨 말인가 몰라 뜻을 물었다. 그는 뜻을 풀이해 주었다.

"우리 회사에서는 말을 꺼내면 반드시 하긴 하는데요, 그러면 말한 놈이 하게 되고요. 그리고 말한 놈은 반드시 손해 봅니다."[14]

기업들은 회의의 생산성을 제고하기 위해 다양한 아이디어를 동원하기도 한다. '성공하는 기업의 회의문화'를 몇 가지 소개한다.

- 회의는 돈이다: 회의 비용 산출 프로그램을 개발하여 "이번 회의는 ○○만 원의 비용이 들어간다."는 식으로 참석자들에게 사전에 공지한다.
- 회의실 의자를 없애라: 의자를 없애고 서서 회의를 진행함으로써 참석자들의 집중도를 높이고 회의를 일찍 끝내게 하여 시간 낭비를 없앤다.
- 15분 안에 회의를 끝내자: 회의 자료를 미리 공유하고 회의 시간에는 핵심 사항만 논의한다.
- 맥주 회의: 매월 마지막 수요일 오후 3시 월별 실적회의 때 맥주를 곁들이면서 자유롭게 토의한다. 약간의 알코올은 의사소통과 아이디어 창출에 도움이 된다.
- 종이 없는 회의: 서면으로 회의 자료를 준비하지 않으며 참석자 모두 발표 및 토론이 이루어지도록 한다.
- 커피 브레이크 대화: 사장을 비롯한 임직원들이 매일 오전 10시 빈 공간에 모여 커피를 마시면서 자유롭게 대화한다. 이명박 전 대통령은 국무회의에 앞서 국무위원장관들과 이런 대화를 즐겨 활용했다.
- 철저한 준비를 통한 회의: 회의 내용을 사전에 이메일로 송부

하고, 회의 참석자들의 각자 준비 사항과 발표 시간을 미리 공지한다.

－ 재미없는 회의는 이제 그만: 회의는 80% 본론과 20%의 재미 fun로 채워져야 한다.
－ 회의는 1시간 이내에 끝낸다. 회의 자료는 4쪽을 넘기지 않는다. 의사 결정권을 가진 임원급 책임자가 회의를 주도한다.

모든 회의에는 시간과 비용이 든다. 목적 없이 관례적으로 하는 회의는 참석자들의 시간을 빼앗는 것임을 인식해야 한다. 효율적인 회의를 위해서는 몇 가지 노력이 필요하다. 첫째, 사전 준비를 철저히 해야 한다. 이를 위해 다음 몇 가지를 미리 생각해 보는 것이 좋다.

－ 회의가 최선의 방법인가, 다른 방법은 없는가를 생각해 본다. 단순 전달식 회의나 지시형 회의는 가짜 회의다.
－ 회의 목적을 분명히 한다.
－ 갑작스런 회의 소집이나 참석자들의 준비 없는 출석은 바람직하지 않다.

둘째, 회의를 생산성 있게 진행해야 한다. 이를 위해 회의 진행자의 역할이 중요하다. 회의 진행자는 모든 참석자의 의견을 존중해야 한다. 참석자가 발언하면 고개라도 끄덕여라. 참석자들이 도전적인 질문을 하게 하라. "좋은 생각입니다."라는 맞장구도 필요하다. 회의진행자가 "엉뚱한 발언입니다.", "실현 불가능한 아이디어입니다."라고 말하면 그 회의는 끝난 것이나 다름없다. 회의가 안건에서 벗어나지 않도록 유의하고 몇몇 사람에 의해 주관적으로 흘러가지 않도록 유의해야 한다. 침묵으로 일관하려는 참석자의 발언을 유도하는 노력도 필요하다. 예를 들면 ^{○○} 아무개 씨는 이 분야에 경험이 많으시죠? 좋은 의견 부탁합니다." 등이다. 가끔씩 발언 내용을 요약 정리하는 것도 바람직하다. 예를 들면 "지금까지 말씀하신 내용을 정리하면….” 등이다.

마지막으로 회의를 제대로 마무리해야 한다. 회의를 마칠 시간을 미리 정하는 것도 좋다. 회의 내용을 요약하여 종결함으로써 어디까지 합의되었고 어디까지 합의되지 않았는지를 참석자 모두가 알게 한다. 회의록을 유지할지 여부는 필요에 따라 선택할 수 있으나 회의가 끝난 후 앞으로 어떻게 하겠다는 계획은 분명히 해야 한다.

다음은 회의 평가 양식이다. 회의 종료 후 참석자들로부터 평가받는 것도 좋다.

[회의 평가 양식]

평가항목	그렇다	다소 그렇다	아니다
회의는 정시에 시작되었다			
회의는 안건을 따랐다			
참석자들이 기본 규칙을 준수했다			
참석자들은 준비해서 참석했다			
모두 참석했다			
토론은 정중했고 건설적이었다			
회의는 문제방식을 따랐다			
회의는 목적을 달성했다			
회의 진행자의 리더십은 효과적이었다			
회의는 정시에 끝났다			

좋은 글쓰기,
꾸준히 노력해야 가능하다

많은 공무원들은 보고서 작성에 일과 시간의 대부분을 보낸다. 보고서 작성의 핵심은 글쓰기다. 하지만 보고서 글쓰기는 진정한 글쓰기라고 할 수 없다. 모든 보고서는 개조식이기 때문이다. 직급이 높을수록 보고서를 잘 쓰고, 그래서 글쓰기도 잘할 것으로 생각되지만 반드시 그렇지는 않다. 공직생활을 하면서 보고서 읽기와 쓰기로 평생을 보냈지만 막상 자녀 논술지도조차 제대로 하지 못하는 부모가 허다하다. 중고등학교 자녀들에게 짧은 글쓰기 지도를 하는 것도 버거워하는 공직자들이 많다. 개조식 보고서를 읽고 쓰는 데 익숙하다 보니 제대로 된 글쓰기를 못하는 직업병에 걸린 것이다.

직장인의 애환을 그린 드라마 「미생」에서 주인공 장그래가 작성한 보고서 중 다음과 같은 내용이 있다.

'중동선사협의체 성수기 할증료 유예300USD'

명사로만 연결된 문장으로서 주어와 시제가 불분명하다. 당초 장그래가 생각했던 문장은 다음과 같았다.

'중동선사협의체에서는 2012년 7월 중 컨테이너당 300달러의 성수기 할증료를 부과할 예정이었으나 이를 유예했음.'

상사가 개조식 보고서 작성을 지시하는 바람에 장그래는 의미 전달이 모호한 보고서를 생산하였다. 개조식 보고서는 단어가 생략되는 경우가 많고 주어와 시제가 불분명하기도 하다. 따라서 작성한 사람이 부연 설명하지 않으면 제대로 이해할 수 없다. 세월이 지나서 또는 상황을 제대로 알지 못하는 제3자가 읽어보면 보고서의 진정한 뜻을 이해할 수 없는 경우도 있다.

요즘 정부 부처의 보고서는 상향 평준화되어 가고 있다. 심한 개조식에서 반개조식으로 변화하고 있다. 하지만 여전히 개선의 여지는 많다. 문화부는 매년 정부 각 부처의 보도자료를 분석하여 「공공언어 진단」을 하고 있다. 국방부는 매년 꼴찌에서 헤어나질 못하고 있다. 어찌된 영문인가 해서 국방부 대변인실이 국방콘텐츠에 나타난 글쓰기의 문제점을 파악해 보았다. 모든 중앙부처에 국어책임관이 지정되어 있는데, 국방부는 대변인이 국어책임관이다. 국방부 국어책임관의 분석 결과는 다음과 같다. 비슷한 현상이 다른 정부 부처에서도 종종 나타나고 있다고 생각되어 옮겨 본다.

① 맞춤법, 띄어쓰기, 주어와 술어 관계, 시제 등 어문의 기본을 지키지 않는 경우가 많다.

② 문장이 지나치게 개조식이거나 표현이 어색하여 쉽게 이해가 되지 않는

경우가 많다.

③ 외래어와 어려운 한자 표현을 너무 많이 사용하고 있다.

좋은 보고서는 바른 글쓰기에서 출발한다. 필자가 글 쓸 때 지키고자 하는 원칙은 다섯 가지다. 첫째, 읽기 쉬운 글쓰기이다. 모든 글은 중학생도 이해할 수 있게 쉽게 구어체로 적는 것이 좋다. 베스트셀러는 예외 없이 쉬운 글이다. 둘째, 간결한 문장이다. 군더더기가 많은 글은 읽는 이로 하여금 짜증나게 한다. 글을 쓴 다음에 불필요한 단어나 글자를 계속 줄여나가는 다듬기 노력이 중요하다. 셋째, 짧은 문장이 좋은 문장이다. 판결문같이 문장이 계속 연결되고, 문장과 문장이 이어지는 글은 독자들의 머릿속을 복잡하게 하고 의미 전달을 힘들게 한다. 넷째, ~적, ~의, ~들, ~것, ~및, ~있는, ~하는 데 있어서, ~함에 있어, ~에 대해, ~에 의한 등은 사용하지 않는 것이 좋다. 하나씩 설명해 보자.

❶ '~적的'은 웬만해서는 사용하지 말자.

- 사회적 현상 → 사회 현상
- 경제적 문제 → 경제 문제
- 정치적 세력 → 정치 세력

❷ '~의'는 생략할 수 있으면 생략하는 것이 좋다.

- 갈등의 해결 → 갈등 해결
- 부모와의 화해 → 부모와 화해

- 노조 지도부와의 협력 → 노조 지도부와 협력

❸ 우리말은 복수를 강조하지 않는다. '~들'을 뺄 수 있으면 빼자.
- 수많은 무리들이 행진해 갔다 → 수많은 무리가 행진해 갔다.
- 모든 아이들이 손에 꽃들을 들고 → 모든 아이가 손에 꽃을 들고

❹ '~것'은 사용하지 않으면 문장이 더 좋아진다.
- 위기라는 것은 예측하기 어렵다 → 위기는 예측하기 어렵다
- 협치하는 것은 중요한 것이다 → 협치는 중요하다
- 실패한다는 것은 성공의 지름길 → 실패는 성공의 지름길

❺ '~및~'은 절대로 사용하지 않는다. 연설문 같은 구어체에서
  는 특히 사용하지 않아야 한다.
- 대북 화해 협력 및 압박 정책 → 대북 화해 협력과 압박 정책
- 모순 및 갈등 → 모순과 갈등
- 국가보안법 및 형법 위반 → 국가보안법과 형법 위반

❻ '~ 있는'은 일본식 표현이다. 사용하지 않으면 훨씬 자연스러
  운 글이 된다.
- 눈으로 덮여 있는 마을 → 눈 덮인 마을
- 그림을 그리고 있는 화가 → 그림 그리는 화가
- 사랑을 품고 있는 연인 → 사랑을 품은 연인

❼ '~하는 데 있어'도 위와 같은 문제를 가지고 있다.

- 그 문제를 다루는 데 있어 조심해야 할 부분은 → 그 문제를 다룰 때 조심해야 할 부분은
- 추진하는 데 있어 집중력이 중요하다 → 추진하는 데 집중력이 중요하다

❽ '~함에 있어'는 절대로 쓰지 말자.

- 누군가를 비난함에 있어서 → 누군가를 비난할 때
- 학생을 교육함에 있어 → 학생을 교육하면서

❾ '~에 대해'는 문제가 많은 표현이다. 잊어버리자.

- 그 문제에 대해 나도 책임이 있다 → 그 문제에 나도 책임이 있다
- 서로에 대해 깊은 신뢰를 느낀다 → 서로에게 깊은 신뢰를 느낀다

❿ '~에 의한'은 습관적으로 사용하는 나쁜 습관이다.

- 시스템 고장에 의한 동작 오류 → 시스템 고장에 따른 동작 오류
- 실수에 의한 피해 → 실수로 빚어진 피해

지금까지 글 쓸 때 유의할 사항을 10가지로 정리해 보았다. 글쓰기보다 더 중요한 것은 글감^{주제}이다. 글은 생각을 담는 그릇이다. 그릇이 좋으면 좋겠지만 생각이 더욱 중요하다. 그릇은 좋아 보이

는데 담긴 생각이 형편없으면 하찮은 기교에 불과하다. 포장이 멋있으면 좋겠지만 담긴 선물이 더 중요하다. 포장과 내용물 둘 다 좋으면 좋겠지만 한 가지를 선택한다면 포장보다는 선물이다. 초등학생의 서투른 글쓰기라도 생각이 좋으면 좋은 글이다. 좋은 글은 그냥 나오는 것이 아니다. 많은 책과 좋은 글을 꾸준히 읽으면서 많이 생각하고 꾸준히 글쓰기를 할 때 가능하다.

공무원은 영혼이 없는가

「정부3.0」의 운명: 정권 교체와 정책의 단절

권력 무상

명함이 없다면 나는 누구일까

골프는 눈치 보고
또 눈치 봐라

유치원 교복 색상 같은 민방위복 유감

영혼이 있는 공무원

Part 3

공무원은
영혼이 없는가

대통령 선거가 끝나고 새로운 정부가 출범할 때마다 '영혼이 없는 공무원'이란 말이 나돈다. 언제부터 이 말이 유행했을까. 이명박 정부 출범 직전인 2008년 1월 3일 당시 대통령직 인수위원회는 국정홍보처로부터 업무보고를 받았다. 이때 김창호 당시 국정홍보처장은 '우리는 영혼이 없는 공무원'이라고 했다. 그 후 이 말은 공무원의 자기 비하 발언으로 사용되기도 했고 소신 없는 공무원을 비난할 때도 사용되고 있다.

공무원에게 영혼이 없다는 것은 무책임, 무소신, 권력에 줄 서기, 정권에 코드 맞추기, 시키는 대로만 일하는 직업인 등 여러 의미를 함축하고 있다. 그렇다면 대한민국 공무원을 누가 이렇게 만들었는가? 모든 공무원에게 영혼이 있다면 어떻게 될 것인가?

첫 번째 질문부터 살펴보자. 행정을 압도하는 우리의 정치와 제왕적 대통령제가 공무원들의 영혼을 빼앗아갔다. 돌이켜 보면 새로운 정부가 출범할 때마다 지난 정부의 정책을 송두리째 바꾸는 경우가 많았다. 이명박 정부 때 4대강 사업은 박근혜 정부가 들어서자 분위기가 완전히 바뀌었다. 주무부처였던 국토부부터 꼬리를 내렸고, 감사원은 4대강 감사를 실시하였으며, 4대강 살리기 추진본부는 해체되고 담당자들은 뿔뿔이 흩어졌다. 이명박 정부 출범 때 정부 조직 개편과정에서 통일부는 없어질 뻔했다. 노무현 정부 때 가장 열심히 일한 부서였는데, 정권이 바뀌자 존재의 이유가 사라질 위기에 몰린 것이다. 당시 많은 통일부 직원들은 '멘붕' 상태였다. 참여정부 때의 공공기관 지방 이전 및 혁신도시 건설, 신행정수도 이전 등은 이명박 정부 들어와서도 계속 추진되었다. 이른바 '대못박기' 덕분에 다음 정부에서 이를 뒤집을 수가 없었기 때문이다.

문재인 정부 출범 이후 정부3.0, 원자력발전 계획, 복지 정책, 공공기관 성과제 도입 등은 지난 정부의 정책기조에서 완전히 달라졌다. 이에 대해 관련 부처 책임자들이 반대 또는 정책의 일관성을 주장했다는 이야기는 들리지 않았다.

이명박 대통령은 2011년 8.15 경축사에서 2013년까지 균형재정을 목표로 내걸었다. 문재인 정부 출범 이전까지 기획재정부의 목표 중 하나는 재정건전성 확보였다. OECD에서 우리나라의 재정건전성이 우수하다는 보고서를 발표할 때마다 기획재정부는 이를 인용한 보도자료를 배포하면서 "재정건전화 노력을 더욱 강화하겠다."는 정책적 다짐을 빼놓지 않았다예: 2010년 3월, 2015년 11월. 하지만 문재인 정부가 들어와서부터 이러한 분위기가 사라졌다. 기획재정부가 지금까지 견지해 온 '재정건전성 확보 노력'이 문재인 정부의 복지 정책과 소득주도 성장 정책 앞에서 힘없이 사라져 버렸다.

2017년 8월 기획재정부 업무보고 때 문재인 대통령은 다음과 같이 말했다. "경제부처가 오랫동안 다닌 익숙한 길을 버리고 한 번도 가지 않은 길을 가는데 너무 잘해 주고 있다." 이는 문재인 대통령이 기재부가 그동안의 소신을 바꾼 것을 높이 평가한 말이다. '영혼=소신'이라고 보면 익숙한 길을 버리고 새 길을 가고 있는 기획재정부는 영혼이 없는 조직이라는 비아냥으로부터 자유롭지 않다.

정치가 정책을 압도하고 있다. 행정학에서 정치와 행정의 관계는 오랜 논쟁거리였다. 정치와 행정은 서로 다르다는 입장 정치·행정 이원론과 서로 구별하기 힘들다는 견해 정치·행정 일원론가 병존하고 있다. 정치적 이념과 정당에 따라 정책 기조에 큰 차이를 보이고 있는 우리의 정치 현실에서는 정치와 행정을 완전히 구별하기가 어렵다. 정치 논리가 관료의 행정 논리를 우선한다. 이렇게 정치화한 정책은 정쟁에 휘말리기 마련이다. 정치논리는 길게 보면 국익에 결코 도움이 되지 않는다. 지지층만을 고려하였기 때문이다. 2016년 임종룡 금융위원장은 "공무원은 영혼이 없다고 말하지만 그렇지 않다. 대부분은 국민을 위해 살겠다는 영혼을 가지고 있다"고 말했다. 하지만 많은 공무원은 영혼을 가지고자 하지만 정치적 여건이 이를 허락하지 않는 경우가 많다. 많은 공무원들은 정권이 바뀔 때마다 적지 않은 공무원들이 불이익을 당하는 것을 지켜보면서 나름대로 느끼고 있다. 내놓고 말을 하지 않을 뿐이지 저마다 판단하는 학습효과가 있다.

선거에 의해 대통령이 바뀌더라도 공무원은 대통령을 바라보지 말고 오로지 국민에게 봉사하면 된다는 주장은 순진한 생각이다. 헌법 제7조 제1항은 '공무원은 국민 전체에 대한 봉사자이며, 국민에 대하여 책임을 진다'라고 규정하고 있다. 의무가 아니라 보장이라는 표현이다. 이 조항은 국가기관이 공무원의 정치적 중립을 훼손하는 것에 대해 거부할 수 있는 권리를 보장하고 있다. 한마디로 국민주권주의다. 그런데 국민이란 추상적 개념이고 어차피 국민 중에서 선출된 사람이 정부를 이끌어 가게 마련이다. 다음은 2009년 3월 26일 헌법재판소의 해석이다^{2007헌마843}.

국민주권주의는 국가권력의 민주적 정당성을 의미하는 것이기는 하나, 그렇다고 하여 국민 전체가 직접 국가기관으로서 통치권을 행사하여야 한다는 것은 아니므로 주권의 소재와 통치권의 담당자가 언제나 같을 것을 요구하는 것은 아니고, 예외적으로 국민이 주권을 직접 행사하는 경우 이외에는 국민의 의사에 따라 통치권의 담당자가 정해짐으로써 국가 권력의 행사도 궁극적으로 국민의 의사에 의하여 정당화될 것을 요구하는 것이다.

직업공무원제하에서 공무원의 신분은 보장되므로 소신을 가지고 일한다면 영혼이 없는 공무원 현상은 나타나지 않을 것이라는 주장도 교과서적인 생각이다. 헌법 제7조 제2항은 "공무원의 신분과 정치적 중립성은 법률이 정하는 바에 의하여 보장된다"라고 규정하고 있다. 공무원이 정치적 중립을 위해 노력해야 하는 것이 아

니라 제도^{법률}가 이를 보장할 것을 명시하고 있는 것이다. 여기서
법률이란 국가공무원법과 지방공무원법을 들 수 있다. 이 법률에
의하면 장·차관급 정무직과 중앙부처 실장급^{1급 공무원} 이상 공무원
은 신분 보장의 대상이 아니다. 대통령이나 장관이 물러나라고 하
면 물러나야 한다. 신분이 보장되는 국장급 이하 공직자들은 공직
에 계속 남아 있더라도 얼마든지 불이익을 받을 수 있다.

두 번째 질문, 공무원이 영혼을 가지고 행동한다면 어떻게 될
까? 한마디로 국정 혼란 상태가 벌어지지 않을까. 문재인 정부의
예를 들어보자. 사드 배치 중단과 환경영향평가, 원자력발전소 건
설 중단, 복지 정책 등에 대하여 국방부 장관, 산업부 장관, 보건복
지부 장관이 대통령과 다른 생각을 추진한다고 하자. 한두 번 경고
한 후에도 변화가 없으면 대통령은 장관의 사표를 받고 새로운 장
관을 임명할 것이다. 새로운 장관 후보자의 국회 인사청문회 과정
에서 장관교체를 둘러싸고 여야가 격돌할 것이다.

신분이 보장되는 국장급 이하 공무원들에 대해서도 마음에 들지
않으면 인사조치 등으로 얼마든지 불이익을 줄 수 있다. 불이익의
정도에 따라 공직에 남아 있지 못하게 할 수도 있다. 어느 회사에
서 퇴사를 거부하는 직원의 책상을 화장실 앞으로 옮겼다는 뉴스
가 있었다. 정권이 바뀌면 화장실까지는 아니더라도 그와 비슷한
곳으로 밀려나 근무하는 공직자들을 종종 볼 수 있다. 제왕적 대통
령제하에서 대통령과 정책 기조^{흔히, 통치 철학이라고도 한다}를 달리하는 공
무원은 공직에 남아 있을 수가 없는 것이 공직자들이 직면하고 있

는 현실이다.

2017년 7월 19일 도종환 문화체육관광부 장관은 취임사에서 다음과 같이 말했다.

"공무원이 무슨 영혼이 있느냐?"라는 말은 하지 마십시오. 문체부에서 일하는 여러분들이야말로 영혼이 있는 공무원이 되어야 합니다. 여러분의 사유, 여러분의 감수성, 여러분의 상상력, 여러분의 행동이 그대로 문화예술인들에게 영향을 미칩니다.

여기서 '영혼'이란 '공직자의 소신'으로 해석된다. 하지만 공무원의 소신은 대통령의 생각과 같은 범주에 있을 때만 용납될 수 있다. 대통령이나 장관과 다른 생각을 소신 있게 밀어붙이는 공무원이 있다면 대통령과 장관이 보기에 그는 제대로 된 공무원이 아니다. 정권이 바뀌면 많은 공무원들은 영혼이 없는 공무원으로 살아가든지 아니면 영혼을 가지고 공직을 떠나든지 택일하여야 한다.

'영혼이 없는 공무원' 현상은 정권 교체기마다 발생하는 정책의 단절 때문에 나타난다. 공무원이 아니라 제왕적 대통령제와 행정을 압도하는 정치 우선 현상 때문이다. 모든 공무원들이 제대로 된 영혼을 가졌다면 대통령의 정책 또는 통치철학은 관료를 통해 국민들에게로 제대로 전달되지 않을 수 있다. 이렇게 보면 영혼이 없는 공무원이란 비아냥은 공직사회의 능률적인 정책 집행 시스템을 상징하는 말이기도 하다. 이제부터 공무원 앞에 영혼이란 말은 붙이지 말자. 영혼이 없는 공무원은 다른 차원에서 보면 대통령의 생각을 실천하려는 과정에서 공무원들에게 잘못 붙여진 주홍글씨일

뿐이다.

역사적으로 두 가지 극단적인 인물을 살펴보자. 한 사람은 철저히 지시한 대로 움직이는 관료였고, 또 한 사람은 궁극 목적을 위해 기존의 제도와 행정시스템을 뛰어 넘은 전략가였다. 전자는 전범으로 처벌받았다. 후자는 살아서는 임금으로부터 제대로 평가받지 못했지만 죽어서 영원히 살았다.

제2차 세계대전 때 독일 나치의 전범 아돌프 아이히만[1906~1962]은 유대인을 체포하고 강제 이주를 지휘하였다. 그는 전범 재판에서 다음과 같이 말했다. "나는 상관의 명령을 받고 국가적 행위를 수행했을 뿐이다. 나는 책임 있는 지도자의 손아귀에서 한낱 도구였을 뿐이다. 내가 아니었더라도 혹은 내가 거부했더라도 독일의 다른 이가 그 업무를 수행하였을 것이다."

유대계 미국인 철학자 한나 아렌트[1906~1975]는 『예루살렘의 아이히만』이란 책에서 아이히만을 '일상의 탈을 쓴 악[banality of evil]'이라고 표현했다.

이순신 장군은 국가를 지키기 위해 필요하다면 임금의 명령도 거역하였다. 당시 조정은 그에게 아무런 지원도 해 주지 않았고 종종 엉뚱한 지시를 내려 전쟁의 승패를 그르치게까지 했다. 하지만 그는 임진왜란에서 나라를 구했다. 두 번이나 백의종군까지 해 가면서…. 500년이 지난 지금 우리 국민들은 그의 이름 앞에 '성웅[聖雄]'이라는 말을 붙이고 있고 대한민국 곳곳에 그의 동상이 있다. 이순신 장군을 존경하지 않는 대한민국 국민들은 없지만 선조[宣祖]를 존경하는 국민들은 찾아보기 힘들다.

　『한비자韓非子』에 나오는 이야기다. 옛날 중국 위나라에 미자하彌子瑕라는 사람이 있었다. 군주가 그를 총애했을 때는 어떠한 일도 좋아 보였다. 미자하가 어머니 병문안을 가기 위해 군주의 수레를 타고 대궐문을 나갔을 때 군주는 "효자로구나."라고 칭찬했다. 또 미자하가 복숭아를 먹어보니 맛이 달아서 군주에게 바치자 군주는 말했다. "나를 끔찍이 생각하는구나. 제 입맛을 참고 이토록 나를 생각하다니." 그 뒤 미자하가 군주의 총애를 잃고 죄를 짓게 되자 군주는 이렇게 말했다. "이 자는 예전에 나를 속이고 내 수레를 탔고, 또 먹다 남은 복숭아를 내게 먹였다." 똑같은 일이 예쁠 때는 상이 되고 미울 때는 죄가 된다.

「정부3.0」의 운명
: 정권 교체와 정책의 단절

남친^{BoyFriend}, 여친^{GirlFriend}, 남편^{Husband}, 아내^{Wife} 뒤에 1.0, 2.0, 3.0 이 붙기도 한다. BoyFriend1.0에서 시작하여 BoyFriend5.0 수준으로 발전하면 Husband1.0으로 변하기도 한다. 같은 이치로 GirlFriend1.0에서 출발하여 GirlFriend3.0쯤 되면 Wife1.0이 되기도 한다. 일반적으로 숫자가 높으면 Upgrade 된 것으로 본다면 Husband5.0은 Husband1.0보다 좋아진 걸까? Wife5.0은 Wife1.0보다 나아진 것일까?

단어 뒤에 1.0, 2.0, 3.0을 붙이는 것이 유행이다. 숫자는 버전을 의미하고 숫자가 높을수록 업그레이드 된 것이다. 예를 들어 보자. 먼저, 세계화1.0, 2.0, 3.0이다. 토머스 L. 프리더먼에 의하면 「세계화1.0」^{Globalization 1.0}은 콜럼버스가 대서양을 항해해 구세계와 신세계의 경계를 허문 1492년에서 1800년 전후까지의 시기를 말한다.

이 시기는 세계를 중간 크기로 줄여놓았으며 국가와 힘의 시대였다. 변화의 동력은 국가였다.

「세계화2.0」은 1800년 무렵부터 대공황과 제1, 2차 세계대전에 의해 잠시 방해받기는 했지만 대략 2000년까지다. 이 시기에 세계적 통합을 가져오는 변화의 주체는 국가가 아니라 다국적 기업이었다. 21세기부터 시작된 「세계화3.0」에서는 개인이 세계적 차원에서 협력하고 경쟁하는 것이 특징이다. 변화의 주체는 국가나 기업이 아니라 개인이다. 필요한 것은 군사력이나 하드웨어가 아니라 네트워크와 새로운 형태의 소프트웨어다.

한편, 시장1.0, 2.0, 3.0도 있다. 「시장1.0」Market1.0은 제품 중심의 시대였다. 산업화 시대에 대량생산 체제를 바탕으로 기업은 제품을 표준화하고 공장 규모를 키워 나갔다. 「시장2.0」은 소비자 지향의 시대였다. 정보화 시대와 더불어 출현하였다. 기업은 시장을 세분화하고 특정 소비자 계층을 위해 초우량 제품을 개발하였다. 대부분의 회사가 '소비자가 왕'을 신조로 삼았다. 「시장3.0」은 가치주도 시대를 말한다. 3.0 기업들은 더 이상 고객을 단순한 소비자로 대하지 않고 이성과 감성과 영혼을 지닌 전인적 존재로 바라본다.

아나톨 칼레츠키는 미국의 자본주의를 1.0, 2.0, 3.0, 4.0으로 다음과 같이 구분하였다.

자본주의1.0: 애덤 스미스와 해밀턴에서 래빈, 후버, 히틀러까지의 시기

자본주의2.0: 루스벨트와 케인스에서 닉슨과 카터까지의 시기

자본주의3.0: 대처, 레이건, 밀턴 프리드먼에서 부시, 폴슨, 그런스펀까지의 시기

자본주의4.0: 오바마, 버냉키에서 현재까지

　민주주의1.0, 2.0, 3.0도 있다. 다음은 조선일보^{2017.1.5}의 「김대식의 브레인스토리」칼럼 내용 중 일부다. 구체적인 개념 정의 없이 민주주의 앞에 1.0, 2.0, 3.0을 붙이고 있다.

　고대 민주주의1.0은 몰락했다. 18세기 계몽주의와 함께 재탄생한 민주주의2.0은 좀 더 간접적인 정당 민주주의였다. (…) 민주주의2.0은 지금 생존을 위한 싸움을 하고 있다. 아니, 우리는 어쩌면 이제 민주주의2.0을 버리고 아무도 가보지 못한 더욱 업그레이드된 민주주의3.0의 기반을 만들어야 하는지도 모른다.

　이제 정부1.0, 정부2.0, 정부3.0 이야기를 해보자. 박근혜 정부 들어와서 「정부3.0」이란 말이 나오기 시작했다. 정부의 일하는 방식을 3.0으로 바꿔야 한다는 것이다. 정부 출범 초기 땐 모든 공무원들이 새 정부의 슬로건이나 정책 어젠다에 초미의 관심을 가진다. 당시 많은 공직자들은 「정부3.0」에 관심을 가질 수밖에 없었다. 많은 공무원들이 「정부3.0」 하느라 수고 많았다. 하지만 공무원들에게 「정부3.0」은 처음 들어 보는 단어였다. 우리나라가 「정부1.0」과 「정부2.0」을 거치면서 「정부3.0」이 나온 것이 아니기 때문이다. 지금은 모두 알고 있다고 하겠지만 2013년 봄 박근혜 정부 출범 초기에 「정부1.0」과 「정부2.0」도 뭔지 모르는데 「정부3.0」을 알 리가 없었다. 학계에서도 이론적으로 정립된 것도 아니고 행정 현실에서 정착된 개념도 아니었다. 「정부3.0」을 책임지고 있는 당시 안전행정부는 「정부3.0」을 다음과 같이 정의하였다.

"공공 정보를 적극적으로 개방하여 부처 간 칸막이를 없애고 협력함으로써 국민 개개인별로 맞춤형 서비스를 제공하고 일자리 창출 등 창조경제를 지원하는 새로운 정부 운영 패러다임."

하지만 이 정의만으로는 쉽게 이해가 되지 않는다. 개념 정의에 '창조경제'라는 말이 들어 있는데 이것 또한 개념 정의가 필요하다. 몰라서 개념 정의를 찾아보았는데 그 안에 또 개념 정의가 필요한 단어가 있는 것이다.

「정부1.0」과 「정부2.0」을 알아야 「정부3.0」의 개념을 알 수 있겠다 싶어서 관련 정의를 좀 더 찾아보았다. 기술적 관점에서 「정부1.0」은 정부업무의 전산화 단계, 「정부2.0」은 인터넷을 통한 행정서비스 단계, 그리고 「정부3.0」은 무선기반의 개인화, 지능화, 맞춤형 서비스 단계로 설명하기도 한다.

정부 운영의 패러다임 관점에서 설명하기도 한다. 「정부1.0」은 정부가 주도하고 관료주의로 움직이는 행정이고, 「정부2.0」은 시민 참여에 따른 정부 역할이 합리주의를 바탕으로 조정을 중시하고, 「정부3.0」은 정부와 국민이 집단 지성을 통해 거버넌스를 수행하는 패러다임이다. 한편 「정부1.0」은 일방향 정부를, 「정부2.0」은 양방향 정부를, 그리고 「정부3.0」은 개방 공유 협력을 지향하는 정부라고도 한다.

「정부3.0」이 등장하자 국방부에서는 「국방3.0」도 등장시켰다. 「정부3.0」과 마찬가지로 「국방3.0」도 「국방1.0」, 「국방2.0」을 거쳐서 나온 것이 아니기 때문에 누군가가 설명해 주어야 이해가 되겠다. 국방부 홈페이지는 「국방3.0」을 다음과 같이 개념 정의하고 있다. 이 개념 정의도 문재인 정부가 출범하면서 홈페이지에서 사라졌다.

"개방 소통 협력 통합을 핵심가치로 삼아 맞춤형 서비스 제공, 창의와 신뢰, 협력에 바탕을 두어 튼튼한 안보를 구현하는 새로운 국방행정의 틀."

이렇게 약 4년 동안 널리 알려지게 된 「정부3.0」이란 개념은 문재인 정부가 들어서면서 봄볕에 눈 녹듯 사라졌다. 이 기간 동안 공무원들은 타의에 의해 「정부3.0」의 유행을 거쳐 왔다. 김윤권 한국행정연구원 연구위원은 "정부3.0은 국민의 요구나 기대에 구현하려는 정치 과잉이 행정을 추월하는 현실에서 태동된 것으로서 본질적인 한계를 지닐 수밖에 없다"고 말하고 있다. 다음은 그의 논문 「정부 3.0의 이론적 연구」 중 일부다.[15]

우리나라는 5년마다의 대선과 4년마다의 총선에서 정치인이 유권자의 다양한 선호를 얻어 당선되어야 하는 숙명으로 인해 정치가 행정을 압도하는 정치 과잉 현상이 나타나고 있다. 이로 인해 정부의 정책결정과 정책집행 역량의 수준과는 무관하게 정부 운영의 방식이나 기제가 정치에 의해서 영향을 크게 받고 있다.

그 결과 정부가 교체될 때마다 앞선 정부의 정책이나 정부 운영 방식이 단절되고, 정책의 일관성도 훼손되고 있다. 그럼에도 불구하고 새롭게 등장하는 정부마다 정부운영의 또 다른 정치적 수사를 내세우고 추진하려 한다.

우리나라의 경우 정권이 교체되면 과거와의 단절에 가까운 정책 변화가 일어난다. 먼저 정부 조직부터 개편하기 시작한다. 1948년 정부수립 이후 지금까지 중앙부처 중에서 이름이 바뀌지 않은 곳은 국방부와 법무부뿐이다. 지금의 기획재정부는 1948년 정부출범 때는 재무부였다가 부흥부[1955], 경제기획원[1961], 재정경제원[1994], 재정경제부[1998], 기획예산처[1999]였다가 2008년 지금의 이름으로 바뀌었다.

새 정부가 들어서면 지난 정부에서 잘하고 있었던 정책이라도 폐기 처분하거나 적어도 이름이라도 바꾼다. 주택정책을 사례로 살펴보자. 역대 정부는 서민주택정책에 큰 공을 들여왔다. 주택정책, 특히 서민주택정책은 모든 정부에게는 상징적 의미가 있기 때문이다. 노무현 정부 때 '국민임대주택', 이명박 정부 때 '보금자리 주택', 박근혜 정부 때 '행복주택'과 '뉴스테이'가 그것이다. 문재인 정부는 '공공주택 100만 호 공급' 정책을 내세우고 있다. 주택정책은 계획 수립, 부지 및 예산 확보, 부지 매입, 건설 공사 등으로 성과를 거두는 데 최소한 수년은 걸린다. 하지만 역대 정부의 주택정책들은 일단 지난 정부의 정책 브랜드부터 바꾸고 시작한다. 100년은커녕 10년도 지속하지 못하는 주택정책들이다. 지금 정부의 주택정책도 정권이 바뀌면 언제 사라질지 모르는 시한부 운명에서 예외가 될 수 없을 것이다.

중국 정부의 정책은 여러 면에서 선진국이 되려면 아직도 멀었다. 하지만 중국의 강점은 정부 정책의 신중한 결정과 꾸준한 추진에 있다. 중국 정부는 절대로 급진적인 정책 변화를 추구하지 않는다. 갑자기 전국에 걸쳐 새로운 정책을 시행하지 않고 시범적으로 실시해 본 후 지역을 점차 확대해 나가는 방식을 취한다. 한번 결정한 정책은 쉽게 바꾸지 않는다. 정책의 예측가능성과 일관성이 있다는 것이다.

서울에 주재했던 외국 특파원들은 모두 '자기가 서울에 있을 때 한국이 진짜 격동의 시기였다'고 한다. 한결같이 한국 사회의 거대한 변화와 남북 관계의 갈등을 겪었다는 이야기다. 해외 교포들의 말에 의하면 외국에서는 사회가 달라지는 것이 없어서 심심하고 지루하기조차 하다고 한다. 하지만 한국은 '다이내믹 코리아Dynamic Korea'다. '역동적인 한국'이라고 번역할 수도 있겠지만 '예측 불가한 한국'으로 이해될 수도 있다. 우리는 전자로 생각하지만 외국인들은 후자로 생각하기도 한다. 다이내믹 코리아는 칭찬이기도 하고 비아냥이기도 하다.

우리나라에서는 새로운 정부가 들어설 때마다 지난 정부가 잘한 것은 없고 실패한 것만 있다고 한다. 이 말이 맞다면 우리나라는 지금 세계에서 가장 못사는 나라가 되어 있어야 한다.

권력 무상

~~~~~~~~

2017년 5월 17일, 문재인 대통령은 국방부와 합동참모본부를 처음으로 공식 방문하였다. 대통령 취임 일주일 만의 일이었다. 당시 언론 보도에 의하면 문 대통령이 국방부 청사 안으로 들어서자 직원들은 박수를 쳤다. 문 대통령은 장성이 아닌 초급 장교와 일반 직원들과 악수를 나누었다. 대통령과 악수하고 눈물을 글썽이는 직원도 눈에 띄었다고 한다. 국방부 청사 대회의실에서 비공개 업무 보고를 받은 문 대통령은 도보로 국방부 옆 합참 건물로 이동하면서 마주친 국방부 직원과 일일이 악수하고 인사를 나눴다고 한다. 여직원 두 명이 공책을 들고 나와 사인을 부탁하자 문 대통령은 웃으며 '대통령 문재인'이라고 사인해 주었다고 한다.

문득 옛날 생각이 떠올랐다. 2013년 6월 17일 청와대에서 박근혜 대통령이 전군 주요 지휘관을 초청한 오찬 행사가 있었다. 오전

2017년 5월 17일 국방부 청사를 방문한 문재인 대통령이 장교들에게 사인을 해 주고 있다.
ⓒ NEWSIS(21017.5.17)

에 국방부 청사에서 전군 주요 지휘관 회의를 하고 참석자들이 모두 청와대로 이동하여 대통령이 주최하는 오찬을 하는 것이 관례였다. 이날 청와대 오찬 행사도 그 일환이었다.

　당시 필자는 군 지휘관은 아니었지만 국방부 기획조정실장으로서 이날 오찬 행사에 참석했다. 오찬이 끝나면 한 사람씩 오찬장을 나오면서 대통령과 악수하는 기회가 있다. 이때 청와대 사진사가 악수장면을 찍은 사진을 인화하여 개별적으로 보내왔다. 김대중, 노무현 정부 때도 똑같이 해 왔던 행사다. 이 종이 사진을 찍어서 내 핸드폰에 저장해 두었다.

　다시 2017년 5월 17일로 돌아가자. 이날 저녁 아내와 함께 저녁 뉴스를 보고 있는데 문 대통령의 국방부 청사 방문과 직원들의 환

2013년 6월 17일 청와대에서 박근혜 대통령이 전군 주요 지휘관들과 오찬을 하고 있다. 대통령 오른쪽에 서서 발언하고 있는 사람은 당시 정승조 합참의장이다. 대통령 왼쪽은 김관진 국방장관.

호하는 모습이 TV에 나왔다. 이 장면을 보자 아내가 말했다. "당신~ 어디 가서 박근혜랑 사진 찍었다는 이야기하지 마. 그리고 당신 핸드폰에 박근혜랑 악수하는 사진, 아직 있지? 웬만하면 지우지 그래~"

권력무상을 우리 집에서부터 느끼는 순간이었다. 다음은 이덕일의 『조선 왕을 말한다』중 일부다.[16]

권력은 시장과 같다. 권력자 주변은 시장 바닥처럼 항상 사람들로 들끓기 마련이다. 사람 장막에 갇힌 권력자는 이들이 보여주는 환상에 도취한다. 권력이 사라지는 날, 이들이 새 권력에 붙어 자신을 비판할 때에야 진실을 보게 되지만 이미 때는 늦다. 이것이 영원히 반복하는 권력의 속성이자 인간의 본성이다.

우리나라 국민들은 일제 강점기와 6.25전쟁을 거치면서 국가가,

엄격하게 말하면 관료와 군인이, 나를 지켜주지 못한다는 인식을 하게 되었다. 자기 살길은 스스로 찾아야 한다는 각자도생의 정신이 국민들 사이에 은연중에 스며들었다. 70년대와 80년대 고도 성장기를 겪으면서 한국 사람들은 두 가지에 목숨 걸다시피 했다. 하나는 돈 많이 벌어 부자 되는 것이고 다른 하나는 승진이다. 전자는 장사나 사업하는 사람들이 주로 추구해 왔다. 돈만 많이 벌면 성공한 것으로 평가받고, 모든 것이 '익스큐즈Excuse'가 되는 사회가 되었다.

후자, 즉 승진과 진급은 조직에 몸담고 있는 직장인들이 추구해 온 목표였다. 대규모 조직에 근무하는 샐러리맨들의 목표는 돈 버는 것과는 무관하다. 그들이 추구하는 인생 목표는 승진이다. 모두들 조직 내 수직적 상향 이동에 목숨 걸고 있다. 남보다 빨리 승진진급하면 으쓱해지면서 남의 부러움을 사게 되고 동기생들보다 승진에 뒤지면 낙심한다. 따라서 조직생활이란 '저 높은 곳을 향하여 오늘도 내일도 나아가는' 과정의 연속이다.

어쩌면 돈과 승진이라는 세속적 가치에 올인 해 왔기 때문에 오늘날 대한민국이 이만큼 잘살게 된지도 모르겠다. 하지만 돈, 성공, 출세에 집착하는 우리 사회는 여러 가지 문제점을 노출하고 있다. 프랑스의 사회학자 기 소르망은 말했다. "한국은 경제 성장기에 모두가 부의 축적에 몰입하는 가운데 인정사정없는brutal 나라가 되었다." 이제 대한민국 앞에 놓여 있는 과제는 '인정사정없는 나라'가 아니라 '인정과 사정이 넘치는 사회'로 만들어 나가야 한다는 것이다. 직급이 올라갈수록 권력의 눈치를 볼 수밖에 없는 우리의 정치·관료 문화가 앞으로도 쉽게 사라질 것 같지 않다.

필자가 아내에게 말했다. "여보, 내 핸드폰에 박근혜 사진 벌써 지웠어."

명함이 없다면
나는 누구일까

최근 승진한 S사의 김○○ 이사.

기회만 있으면 명함을 건넨다.

"어머, S사에 다니시네요. 그것도 이사님!"

사람들의 태도가 돌변한다.

짐짓 우쭐해진다.

반면 K사에서 퇴직한 박○○ 씨.

얼마 전까지만 해도 그는 국내 굴지 기업의 잘나가던 중역이었다.

하지만 불과 한 달여 사이 그를 찾아오는 사람도 만나자는 사람도 부쩍 없어졌다.

걸핏하면 연락하던 동창들도 요즘엔 이 핑계 저 핑계 대며 그를 피하는 것만 같다.

많은 공직자들은 자신이 속한 부처나 자신의 직급이 곧 나 자신이라는 착각을 하는 경우가 종종 있다. 삼성전자에서 수십 년간 근무하고 퇴직한 많은 임원들은 다음과 같이 생각한다. "삼성에 근무할 때 나의 능력이라고 생각했던 것들이 퇴직해서 보니 사실은 나의 능력이 아니라 삼성의 능력이었구나." 이 이야기는 필자의 경우에도 그대로 적용된다. "국방부에 근무할 때 나의 능력이라고 생각했던 것들이 퇴직하고 보니 사실을 나의 능력이 아니라 국방부의 능력이었다." 명함에 나온 모든 타이틀을 떼어내고 난 후에도 과연 '나'는 '나'일까?

공무원의 정년은 만 60세다^{군인·경찰은 예외}. 생일이 전반기일 경우 60세 되는 해의 6월 30일에, 후반기일 경우 12월 31일에 퇴직한다. 사오정^{45세 정년} 시대에 정년퇴직은 축복이다. 하지만 모든 공무원이 원한다고 해서 정년까지 근무하는 것은 아니다. 중앙부처 고위공무원은 대략 50대 중후반에 퇴직한다. 그 후 산하기관에서 2~3년 더 근무한다고 해도 60세 이전에 백수가 되는 경우가 허다하다.

고위공무원 중에서 실장급^{가급}은 신분보장이 되지 않는다. 장관이 나가라고 하면 나가야 한다. 실장급 고위공무원은 고위공무원단 제도가 생기기 전에는 1급^{차관보급}이었다. 과천청사나 세종청사에서는 "1급은 1년만 하고 나간다고 해서 1급이다"라고 한다. 사실, 국장에서 실장으로 승진하고 평균 1년 남짓 근무한다. 정무직^{장·차관}으로 올라가지 못하면 실장 승진 후 대략 1년 만에 옷 벗는다. 아니,

벗어야 한다.

그렇다면 고위공무원들은 퇴직하고 어떻게 살아갈까? 먼저, 산하기관이나 유관단체의 기관장이나 임원으로 나가는 경우다. 하지만 2014년 세월호 사건 이후 '관피아'가 사회적 문제가 되어서 이러한 자리도 많이 줄어들었다가 최근 다시 늘어나는 경향이다. 이렇게 자리를 만들어도 2~3년 정도밖에 보장받지 못한다.

흔히 영양가(?) 있는 부처라고 한다면 산하기관이 많은 경우를 말한다. 비경제부처보다는 경제부처가 산하기관이 많다. 산하기관이 많은 경우엔 현직에 있을 때는 파워가 있고, 퇴직하고 나서는 갈 자리가 많다. 모피아^{MOFIA}란 말이 있다. 기획재정부^{MOSF}와 마피아^{Mafia}의 합성어로서 기획재정부 출신 퇴직 공무원들이 산하기관을 장악하고 있다는 것을 빗대어 표현하는 말이다. 이런 말도 있다.

- 모피아보다 퇴임 후가 더 따뜻하다는 산^産피아^{산업통상자원부 출신}
- 대학총장과 교육 관련 공제회, 연기금 자리를 독식 중인 교^敎피아^{교육부 출신}
- 금감원 빈자리를 비집고 들어가 금융회사 감사를 차지하고 있는 감^監피아^{감사원 출신}
- 알짜배기 협회 30여 개를 거느린 국^國피아^{국토부 출신}

둘째, 대학교 초빙교수로 나가는 경우다. 2~3년 기간을 정해 주는데 세월호 사건 이후에 이것도 과거에 비해 많이 치열해졌다. 산하기관으로 갈 수 있는 기회가 줄었기 때문이다. 공직에서의 경험을 바탕으로 대학에서 후진 양성에 기여한다는 취지인데, 기여도는 천차만별이다. 정말로 경험을 사회에 환원하는 차원으로 활약하는 경우가 있는가 하면 이름만 올려놓고 월 200~300만 원 타가는 경우도 많다. 초빙교수의 경우 정규직으로 취업한 걸로 간주하지 않는다. 정규직으로 전환될 가능성이 없는 한시적 비정규직이다.

셋째, 사기업에 취업하는 경우다. 재산등록 대상 공직자는 퇴직일로부터 2년간, 퇴직 전 5년 이내 소속하였던 부서의 업무와 밀접한 관계에 있는 일정 이상 규모의 사기업체에 취업을 할 수 없다. 취업하고자 하는 경우 공직자윤리위원회의 심사를 받아야 한다. 엄격하게 운영되지만 이를 피할 수 있는 방법도 없지 않다. 예를 들면 B회사에 취직하여 급여를 받으면서 사실상 A회사를 위해 일하는 것 등이 되겠다.

넷째, 로펌^{법무법인}이나 회계법인 등에 취직하는 경우다. 아무개 고위공무원을 고문으로 영입했다는 사실을 언론에 알리고 홈페이지에 올리는 로펌들도 많다. 김영란법이 생기기 전에는 여기에 취직한 퇴직자들이 법인카드로 후배 공무원들에게 식사도 사고 골프도 같이 쳤다는 이야기는 다 아는 비밀이다. 개인의 능력에 따라 알음알음으로 가기 때문에 '누구누구는 ○○법무법인에서 근무한다'는 이야기를 소문으로 듣는 경우도 있다. 구체적인 계약 조건과 기간은 당사자 외에는 절대로 알 수 없고 대우도 천차만별이다. 어떤 이는 차량지원까지 받기도 하고 어떤 이는 월급이 아니라 성과급이기 때문에 큰돈을 벌지 못한다는 이야기도 들린다.

국회 인사청문회 때 장관 후보자가 법무법인에서 고액의 자문료를 받은 것으로 곤혹을 치르는 경우가 종종 있다. 퇴직 후 법무법인 고문으로 재직하다 2017년 6월 장관후보자로 국회 인사청문회에 출석한 모 장관후보자는 법무법인에 근무할 때 고액 자문료의 적절성을 지적하는 의원의 질문에 "보수가 많아서 저도 깜짝 놀랐다."고 발언한 바 있다.

법무법인 충정의 황주영 회장은 2016년 12월 16일 한국경제신문과 인터뷰에서 이렇게 말했다. "일부 대형 로펌은 공무원 출신을 데려다가 전문위원이나 고문 명함을 주고 사실상 브로커 업무를 맡깁니다. 그게 제일 나쁩니다. 대형 로펌조차도 사건 수임에 열을 올리느라 교도소 담장 위를 걷는 듯한 일을 제안합니다. 전관을 강조하면서 안 되는 것도 되게 해주겠다는 식으로 말입니다. 그건 변호사로서 할 일이 아니라고 봅니다."

다음은 임종인과 장화식의 『법률사무소 김앤장』 내용 중 일부다. [17]

김앤장의 홍보 내용을 보면 김앤장은 지적재산권이나 형사사건 분야에서 많은 변호사들이 "판사, 검사 및 특허청 심사관과 같은 다양한 경력을 지니고 있어 그들의 경험과 노하우가 도움을 준다."거나, 또는 "법원과 검찰에서 10년 이상 실무 경험을 가진 분들이 포진하여 더 바랄 수 없이 막강한 구성원을 선전하고 있다."고 선전하고 있다. (…)

김앤장은 "반드시 이겨야 할 소송에서 고객이 제일 먼저 선택하려는 법률사무소라는 평판을 듣고 있다."고 자랑하지만 그것이 만약 재벌 총수들의 불법을 방어하거나 은폐하기 위해 자신들의 법률 지식과 영향력을 동원하고 투기자본의 이익을 위해 수단과 방법을 가리지 않는 것이라면 그것은 법적 정의를 위협하는 일이다.

김앤장은 자신들이 조세 부분에서 보유하고 있는 가장 귀중한 자산 가운데 하나로, "국세청장을 비롯하여 일선 실무자급에 이르기까지 다수의 전직 국세청 공무원들이 포진함으로써 조세당국과 원만한 관계 속에서 업무를 수행할 수 있다."고 선전한다.

그러나 고객과 조세당국 간의 불필요한 분쟁을 방지하고, 양자 간의 원만한 의사소통을 가능하게 함으로써 고객에게 도움을 주거나, 현직에서의 풍부한 경험을 살려 기업이 세무조사를 받을 때 효과적으로 대응할 수 있는 방안을 제시해 준다는 것이, 사실은 세무당국과의 유착이나 조세회피 나아가 탈세를 의미한다면 사정이 달라진다.

판검사들이나 고위공직자들의 경우 퇴직하면 오랫동안 누려온 지위와 권력의 상실감을 이기지 못하고 '다음 자리'에 목숨 걸다시피 한다. 퇴직한 후 자존심이 상하지 않을 만한 직장을 구하려는 것이다. 산하기관장 자리를 노리거나, 로펌이나 기업에 들어가서 돈으로 상실감을 채우고 자존감을 유지하려고 한다.

퇴직 후 사기업에 취직한 공무원 선배 한 분이 계셨다. 안타깝게도 사기업을 위해 일한 것이 문제가 되어 교도소에 다녀오기까지 하였다. 퇴직 공무원이 로펌이나 기업에 취직하여 돈을 많이 번다는 것은 현직에 있는 후배 공무원의 도움을 직간접으로 받았다는 이야기일 수도 있다. 공직자는 현직에 있을 때도 청렴해야 하지만 퇴직하고 나서도 청렴해야 한다. 공무원 연금이 훨씬 후한 것도 퇴직하고도 깨끗하게 살라는 취지가 반영된 것은 아닐까.

중국 사서四書 중의 하나인 『대학大學』에 이런 내용이 있다.

옛날 중국 어느 마을에 한 사내가 살았다. 그 사내는 무척 가난하였고 아무런 능력이 없었지만 가끔씩 술에 취해 집에 들어오곤 했다. 아내는 궁금했다. 무능한 남편에게 술과 밥을 사 주는 사람이 있을 리 만무했기 때문이다. 궁금한 나머지 어느 날, 아내는 몰래 남편 뒤를 따라가 보았다. 그러자 남편은 옆 마을 상갓집에 들러서 술과 밥을 얻어먹는 것이었다. 지금까지 사내는 윗동네, 아랫동네, 상갓집과 산소를 찾아다니며 술도 얻어 마시고 버려진 음식을 먹곤 하였던 것이다.

중국의 이 사내는 남에게 피해는 주지 않았기 때문에 사회적으로 나쁜 짓을 한 것은 아니었다. 하지만 우리는 언론을 통해서 현직 또는 퇴직 공직자들의 부정부패 사건을 종종 접하기도 한다. 『대학大學』에 나오는 가난한 사내의 비루한 삶보다도 더 비루한 경우라 하겠다.

골프는 눈치 보고
또 눈치 봐라

~~~~~~~~~~~~~~

　우리나라 국민들은 골프에 있어서 이중적이다. 대한민국은 골프 강국이고 국민들의 골프 사랑은 극진하다. 하지만 국민들의 골프에 대한 거부감도 강하고 특히 공무원이 골프를 치는 데 관대하지 않다. 골프를 둘러싼 상반된 두 가지 현상을 어떻게 해석해야 할까? 그리고 공무원들은 골프에 대해 어떻게 처신해야 할까?

　먼저, 대한민국이 골프 강국이라는 것은 새삼 말할 필요가 없지만 그래도 몇 가지만 살펴보자. 여자 골프의 경우 세계 랭킹 톱10 중 무려 다섯 명이 한국 국적이다. 세계 여자 랭킹 100위를 보면 그중에 한국 선수가 무려 40%에 달한다. 한국 선수의 랭킹 변화가 세계 랭킹까지 변화시키고 있다.

　2017년 11월 방한한 트럼프 미국 대통령은 우리 국회 연설에서 한국의 발전상을 언급하면서 "한국 골프 선수들은 세계 최고"라고 말했다. 자신이 소유한 골프장에서 한국 골프 선수가 우승한 일도 언급했다. 트럼프 대통령은 "^{미 여자 프로골프 투어} US오픈 골프 대회가 뉴저지에 있는 트럼프내셔널골프클럽에서 열렸고, 훌륭한 한국 여성 골퍼인 박성현 선수가 바로 여기서 승리했다. 10위 안에 8명이 한국 골퍼였다."고 했다.

대한골프협회가 발간한 『2014년 한국골프지표』에 의하면 2014년 한 해 우리나라 골프 활동 인구는 531만 명으로서 20세 이상 인구 대비 13.3%가 골프를 친 것으로 나타났다. 2007년 251만 명에서 7년 만에 골프 인구가 두 배로 늘어났다. 2014년 외국에 나가 골프를 친 인구는 205만 명으로서 전체 골프 인구의 1/3에 달한다. 우리나라는 스크린 골프에서도 강국이다. 골프존을 비롯한 한국 업체들이 전 세계 스크린 골프 시장의 90% 이상을 차지하고 있다.

국민 7명 중 한 명 이상이 골프를 즐기고, 한국 선수들이 세계에서 가장 두각을 나타내고 있는 스포츠 종목이 골프다. 그러나 골프를 공무원에게 적용하는 순간 문제가 달라진다. 몇 가지 사례를 보자. 박근혜 정부의 첫 국방장관 후보자 김병관 예비역 육군대장은 전역 후 골프를 많이 친 이유로 국회 인사청문회 때 곤혹을 겪기도 했다. 다음은 2013년 3월 8~9일 열린 김병관 후보자의 국회 국방위원회 인사청문회 때 민주당 김광진 의원의 발언 내용 중 일부다

국회 속기록 참조

후보자님을 보면 골프를 상당히 많이 치시는 것으로 보이고, 전역하신 이후에 외국에 나가 계신 기간을 제외하고 스탠포드대 연수시간을 제외한 3년 반 동안을 보면 69회, 그것도 군용 골프장에 한해서만 69회 조사가 되고요. UBM

텍 고문시절일 때에도 25회 군 골프장을 출입하신 것으로 나와 있습니다. (…)

여하튼 그렇게 많은 골프를 치시는데 골프라는 것이 운동상 칠 수 있다고 보여집니다. 그런데 후보자님은 운동상 친다고 보여질 수 없는 부분이 뭐냐 하면 2008년 7월 같은 경우 7월 10일, 7월 11일, 7월 12일 연달아 3일을 치시고요, 2012년 최근에도 6월 8일, 6월 9일, 6월 10일 해서 태릉, 성남, 태릉으로 이렇게 연속 3일 치시고요, 연속 이틀 치신 것만 해도(…) 여덟 번이 있었습니다. 그래서 이렇게 날마다 그리고 연달아 일주일에 세 번씩 골프를 치시는 것은 운동상이라고 보기에는 국민감정을 벗어나는 것이 아니냐(…).

문재인 정부의 첫 국방장관인 송영무 장관도 국회 국방위 인사청문회2017년 6월 28일 때 골프 친 것이 문제가 되기도 했다. 당시 김학용 의원이 국방부로부터 제출받은 송 후보자의 최근 5년간 골프장 이용 현황 자료에 따르면 송 후보자는 295차례 군 골프장을 이용한 것으로 나타났다. 주호영 당시 바른정당 원내대표는 2017년 7월 13일 송영무 장관 후보자의 골프 논란에 대해 "정신상태가 이해가 되지 않는다."고 말했다.

장관, 대법관 등 고위공직 후보자에 대한 국회 인사청문회 때 골프 친 것이 문제가 되는 경우는 거의 없다. 그렇다면 국방장관 후보자의 골프는 왜 문제가 되는 것일까? 국방부와 군은 전국에 31개소18홀 9개소, 9홀 22개소의 군 골프장을 운영하고 있다2016년 말 기준.

- 국군복지단 운영: 18홀 4개태릉, 남수원, 동여주, 처인
- 육군 운영: 18홀 2개계룡대, 구룡대, 9홀 6개자운대, 남성대, 창공대, 무열대, 선봉대, 비승대
- 해군 운영: 18홀 2개만포대, 한산대, 9홀 2개낙산대, 충무대

– 해병대 운영: 9홀^{덕산대}

– 공군 운영: 18홀 1개^{서산}, 9홀 13개^{공사, 광주, 서천, 김해, 원주, (구)원주, 수}원, 대구, 성남, 예천, 청주, 강릉, 충주

인사청문회를 앞두고 국회 측에서는 공직후보자에 관한 많은 자료를 여러 정부기관에 요청한다. 민간골프장에서 골프를 친 기록은 개인정보이므로 국회가 자료 제출을 요구할 수도 없고, 민간 골프장에서는 제출하여야 할 의무도 없다. 하지만 군 골프장은 국방부 산하 복지시설이기 때문에 국회의 요청이 있으면 제출하지 않을 수 없다. 이런 이유로 국방장관 후보자의 골프 친 기록은 날짜까지 명시되어 국회에 제출되게 마련이다.

2014년 4월 세월호 사건이 발생했을 때 골프장으로 향하는 일반인들의 발길이 적게는 20%, 많게는 50% 줄었다는 언론 보도가 있었다. 공무원뿐만 아니라 기업체 임직원까지 골프장 출입을 자제하였고 단체 골프 예약은 대부분 취소되었다. '골프=사치성 오락'이라는 생각이 우리 국민 정서에 넓게 자리하고 있음을 증명하고 있다.

역대 대통령들은 골프에 대해 어떻게 생각했을까. 1993년 김영삼 대통령은 취임하자마자 "임기 중 골프를 치지 않겠다."고 공언하였다. 이는 바로 공무원 골프 금지로 이어졌다. 대통령의 이러한 선언에 아랑곳하지 않고 공개적으로 골프 치는 강심장의 공무원은 없을 것이다. 물론 친구 차를 얻어 타고 은밀히 골프 치러 다닌 공

직자도 없지는 않겠지만.

　김대중 대통령은 골프를 좋아하지 않았다. 하지만 박세리, 최경주, 김미현 등 골프로 국위를 선양한 선수들을 불러 청와대에서 오찬을 베풀고 훈장을 수여하기도 했다. "골프 대중화를 위해 퍼블릭 골프장을 늘려야 한다."고 말하기도 했다.

　노무현 대통령은 골프를 좋아했지만 재임 기간 중에는 자주 치지 않았다. 골프에 대한 부정적 여론을 의식하여 휴가 때만 정치인이나 지인들과 몇 차례 라운딩 한 것으로 알려져 있다. 노무현 정부 때 공직자들의 골프 분위기는 비교적 자유스러운 편이었다.

　이명박 대통령은 테니스도 즐겨했지만 골프도 좋아했다. 2008년 4월 이명박 대통령은 미국 대통령 별장 캠프 데이비드에서 조지 W. 부시 대통령과 골프 카트를 함께 타기는 했지만 골프를 치지는 않았다.

　박근혜 대통령은 2013년 7월 수석비서관들과 환담하면서 "바쁘셔서 공직자들이 그럴 골프 칠 시간이 있겠어요?"라고 반문한 것이 언론에 보도되었다. 대통령의 이 한마디는 모든 공직자에게 사실상의 골프 금지령으로 받아들여졌다.

　문재인 대통령은 골프를 치지 않는 것으로 알고 있다. 문 대통령은 언론 인터뷰에서 "변호사 시절 골프장 건설을 강력하게 반대하는 환경운동가들의 주장에 동조하면서 다른 한편으로 골프를 한다는 것은 스스로 용납할 수 없는 일이라고 생각해 골프를 하지 않는다."고 언급한 바 있다.

　2017년 2월 정상회담을 위해 미국을 방문한 아베 신조 일본 총리는 트럼프 미국 대통령과 플로리다에서 27홀을 함께 골프 쳤다. 같은 해 11월 트럼프 대통령은 일본 방문 때 첫째 날 아베 총리와 골프를 쳤다. 같은 달 트럼프 대통령이 한국을 방문했을 때는 골프를 치지 않았다. 2017년 6월 28일부터 7월 1일까지 미국을 방문한 문재인 대통령은 트럼프 대통령과 골프 회동을 하지 않았다.

이 땅의 공직자들은 골프 치는 데 눈치를 봐야 한다. 눈치 보지 않고 골프를 대놓고 치는 고위공직자는 없다. 청와대에서 대놓고 공직자 골프 권장을 선언하지도 않겠지만 대통령이 공무원들에게 골프 치라고 해도 반신반의하며 소속 부처 장관과 주위 고위공직자들은 어떻게 하나, 눈치를 보는 것이 현실이다. 고위공직자라서 눈치를 봐야 하는가. 아니면 눈치를 잘 보기 때문에 고위공직자가 된 것인가.

골프에 관한 한 국민 정서법에 걸리면 헤어나기 힘든 것이 우리나라다. 국방부와 군은 전국 31개소의 군 골프장을 공식적으로는 '군 체력단련장'이라고 한다. 대놓고 골프장이라고 말하기 무엇해서 에둘러 표현하는 말이다. 골프로 '체력 단련'하는 군대는 지구상에서 대한민국뿐이다.

우리나라에서 골프는 시간과 돈이 많이 드는 운동이다. 18홀 도는 데 평균 4시간 소요된다. 주말에 막히는 도로를 뚫고 골프장까지 왕복하는 시간을 합치면 하루를 온전히 투자해야 한다. 필드에 나가서 창피스럽지 않을 정도로 플레이 하려면 연습장에서 짧게는 몇 달, 길게는 몇 년씩 연습에 연습을 거듭해야 하는 것이 골프다.

시간은 그렇다 치고 비용은 어떨까? 우리나라에서 골프 치는 비용은 골프장마다 요금이 다르고 주중과 주말, 캐디 여부 등에 따라 편차가 많지만, 아무것도 먹지 않아도 대략 1인당 20~30만 원 정도 든다. 그린피입장료 18~20만 원주말, 더 비싼 곳도 있다, 캐디 팀당 12만 원1인당 3만 원, 카트비 10만 원1인당 2만 5천 원 등이다. 여기에 골프채, 연습비, 레슨비, 의류, 식사비까지 합치면 골프는 여전히 돈이 많이 드는 운동이다. 회원권이 없으면 누군가가 주말 부킹예약을 해 주어야 한다. 직무관련자가 부킹해 주고 비용을 부담한다면 이는 김영란법 위반이다.

미국에서 골프는 사양산업이다. 젊은이들이 골프장에 오지 않기 때문이다. 시간과 비용이 많이 드는 반면 크게 체력 운동이 되지 않고, 일정 수준의 기량에 오르려면 인내심을 가지고 오랜 연습과정을 거쳐야 하기 때문이다. 인터넷, 게임 등 주변에 골프보다 재미있는 것들이 널려 있기 때문이기도 하다. 외국에서는 대놓고 골프를 비난하는 사람도 많다. 귀족스포츠라서가 아니라 스코어를 줄이는 데 상당한 시간과 비용이 들고 어느 정도 수준에 도달해도 이를 유지하는 데 또 시간과 노력이 든다고 부정적으로 평가하는 것이다.

하지만 우리나라에서 이런 조짐은 아직 보이지 않고 있다. 가까운 장래에도 골프는 사양산업이 아니라 여전히 많은 국민들로부터 열정적으로 사랑받는 스포츠가 될 것이다. 하지만 이 땅의 공직자들이 골프 치는 데 눈치를 보아야 하는 분위기는 계속될 것이 분명하다. 적지 않은 시간과 돈을 투자하면서 국민정서법과 대통령의 골프 철학까지 고려하면서 눈치 보며 쳐야 하는 것이 골프를 사랑하는 대한민국 공직자들의 숙명이다. 여기에는 대통령부터 일선 공무원까지 예외가 아니다.

필자는 공직생활 내내 골프를 치지 않았다. 고위공직자가 되고부터는 골프를 안 치는 것에 대해 궁금해하는 사람들이 많았다. 골프 안 친다고 하면 이상하게 여기는 사람들도 있었다. 심지어 내 아내까지. 어느 날 아내가 내게 물었다.

"당신은 왜 골프 안 해?"

"…."

갑작스런 질문에 답변을 머뭇거리고 있는데 아내가 말했다.

"당신~ 골프 안 하면 출세 못 하는 것 아니야?"

필자가 말했다.

"엄마 배 속에서 나올 때 이미 출세했는데 또 무슨 출세?"

다음은 김정운의 『나는 아내와의 결혼을 후회한다』_{김정운, 쌤앤파커스,} ₂₀₀₉ 내용 중 일부다.[18]

전 세계에 우리처럼 골프에 미친 민족은 없다. 왜 그런지 아무도 속 시원히 말해주지 않는다. 내가 스스로 대답해 본다. 참 많이 생각했다.

골프는 스토리텔링이기 때문이다. 골프는 운동이 아니다. 이야기다. 한국 남자들이 술도 마시지 않은 상태에서 네 시간 이상 이야기할 수 있는 주제는 골프밖에 없다. 여자에 관한 이야기도 이렇게 길게 하지 못한다.

매번 비슷한 골프 이야기 같다. 하지만 조금씩 다른 이야기가 끝없이 재생산된다. 더 중요한 것은 그 이야기가 내 이야기라는 것이다. 그래서 골프가 재미있는 것이다. 아니, 살면서 지금까지 내 이야기가 이토록 많이, 흥미진진한 적이 있었던가? (…)

이야기가 있는 삶은 행복하다. 골프 이야기는 즐겁다. 낚시 이야기는 가슴설렌다. 그러나 골프 이야기, 낚시 이야기 외에는 달리 나눌 이야기가 없는 남자들의 삶은 참 슬프다.

인터넷에 돌아다니고 있는 골프 유머 「킬리만자로의 백돌이」를 소개하면서 골프 이야기를 마무리한다.

잃어버린 공을 찾아 산기슭을 어슬렁거리는 백돌이를 본 일이 있는가?

티샷 공은 어디로 보내고 다 썩은 헌 공만을 찾아다니는 산기슭의 백돌이.

나는 백돌이가 아니라 싱글이고 싶다.

한 번에 올리고 여유 있게 기다리는 그 싱글이고 싶다.

사무실에선 위대해지고 골프장에서는 초라해지는 나는 지금

어느 오비말뚝 어두운 모퉁이에서 잠시 쉬고 있다. (…)

묻지 마라 왜냐고, 왜 그렇게 높은 곳까지 날리려 애쓰는지 묻지를 마라

고독한 남자의 애타는 쪼로를 아는 이 없으면 또 어떠리.

너는 스트로크를 사랑한다고 했다. 나도 스트로크를 사랑한다.

너는 캐디를 사랑한다고 했다. 나도 캐디를 사랑한다.

너는 돈을 사랑한다고 했다. 나도 돈을 사랑한다. 그리고 또 사랑한다. (…)

내 공인가 버섯인가, 저 하얀 것 잃어버린 공. 오늘도 나는 가리 골프채 메고,

산에서 만나는 로스트볼과 악수하면 그대로 백돌인들 또 어떠리.

유치원 교복 색상 같은
민방위복 유감

공무원들이 직위의 높고 낮음, 남성과 여성을 가리지 않고 많이 착용하는 복장은 무엇일까. 민방위복이다. 민방위복은 민방위 훈련 때만 입지 않는다. 대한민국 공무원들은 사건·사고가 났을 때, 대책 회의를 할 때나 현장을 방문할 때 예외 없이 민방위복을 입는다. 아니 입어야 한다. 북한 핵실험 직후 청와대에서 국가안전보장회의를 개최할 때도 민방위복을 입는다. 물론 현역 군인의 경우에는 군복^{전투복}을 입는다. 을지연습 때 모든 공무원은 민방위복을 입고 근무한다. 여기에는 대통령도 예외가 될 수 없고 남녀의 차별도 없다.

공무원이 양복 입기가 애매한 때와 장소에서는 민방위복을 입으면 손가락질 받지 않는 좋은 방법이다. 무엇을 입어야 할지 고민될 때 민방위복을 입으면 그만이다. 민방위복에는 착한 가격표가 붙어 있다. 기성복으로 사면 대략 3만 원이다. 이렇게 본다면 이 땅의 공무원들에게 민방위복이 있다는 것이 얼마나 다행스러운가.

이제 민방위복은 민방위가 아닌 때에 더 많이 입는 대한민국 공무원들의 현장 제복이 되었다.

다음은 인터넷 「향토문화전자대전」에서 민방위복에 관한 내용이다. 오늘날 공무원들이 현장용으로 입는 옷이 한때 노동자의 평상복이었다는 설명이 흥미롭다.

[형태] 만 42세 이하 대한민국 남성이라면 대부분 지급 받는 것이 민방위복이다. 1975년 창설 때부터 유지되어 온 민방위복은 2005년 8월 1일 행정자치부가 「민방위기본법」 시행규칙 제51조에 따라 새로운 민방위복을 제정함으로써 30년 만에 바뀌게 되었다.

기존의 재킷을 점퍼 스타일로 바꾸었으며 기능성을 고려하여 주머니를 여러 개 달았다. 겨울 점퍼를 새로 만들었고 모자와 신발도 기능성과 실용성을 살려 개선하였다. 가장 많이 입는 근무복의 색상은 칙칙한 느낌을 주었던 국방색을 라임색으로 바꾸어 더욱 역동적이고 활기찬 이미지를 부여하였다.

[용도] 1975년 민방위 훈련을 강화하면서 민방위에 편성된 사람들이 입었던 옷이다. 공장 노동자에게는 거의 평상복과 다름없는 옷이었으며 구로지역에서는 유신 시절 구로공단의 간부들과 구로구 공무원들도 근무 중이거나 출장을 갈 때도 입고 다녔다.

다음 장의 사진을 보면 2017년 8월 22일 청와대에서 문재인 대통령이 을지국무회의를 주재하면서 국기에 대한 경례를 하고 있다. 모든 참석자가 예외 없이 민방위복을 입고 있다. 정현백 여성가족부 장관도 같은 색상과 디자인의 민방위복을 입고 있다.

이러한 민방위복은 2005년 8월부터 민방위 복제로 제정되어 지

문재인 대통령이 2017년 8월 21일 청와대 영상회의실에서 열린 을지국무회의에서 국민의례를 하고 있다. 참석한 모든 국무위원들이 민방위복을 입고 있다. ⓒ 국민일보 (2017.8.21.)

금에 이르고 있다. 그 이전 민방위복은 카키색이었다. 당시 행정자치부는 민방위대 창설 30주년을 맞아 새로운 민방위복을 발표했다. 복제를 바꾸는 연구용역은 성신여대 의류학과에서 수행했다. 디자인을 세련되게 하고 기능성과 실용성을 부여하였으며 색상은 라임색으로 하였다. 당시 정부에서는 역동적이고 활기찬 이미지를 부여하였다고 복제 개정의 효과를 설명하였다. 민방위 대원 공무원을 대상으로 10차례 의견을 수렴하고 중앙민방위협의회 심의를 거쳐 최종 확정했다고 하니 당시로서는 많은 노력을 기울인 모양이다.

위 사진은 2017년 8월 을지국무회의 때 모습이다. 문재인 대통령을 비롯한 모든 참석자들이 민방위복을 입고 있다. 이 사진을 외국인이 본다면 어떻게 생각할까. 남성과 여성 할 것 없이 모두 병아리 색상의 노동자 제복으로 통일한 것에 대해 어떻게 평가할까.

민방위복을 입은 공무원의 모습을 보면 세련되거나 멋지다는 느낌이 들지 않는다. 이유는 두 가지다. 첫째, 많은 공무원들이 기성복으로 사서 입다 보니 허리 품이나 소매길이 등이 자기 몸에 꼭 맞지 않는다. 그럼에도 불구하고 '3만 원도 채 안 되는 가격으로 이만큼 만드는 것이 어디냐.', '어쩌다 한 번 입는 것인데 대충 입고 버티자.'라는 생각이다.

둘째, 색상이 마음에 들지 않는다. 여성복이나 아동복에나 어울리는 색상이다. 라임색은 연두색이 가미된 노랑이다. 물감으로 색을 만들 때는 연두색과 노란색을 1:3으로 섞으면 된다. 라임색은 밝고 화사하기 때문에 여성과 어린이 의상에 주로 사용된다. 성인 남성 복장에 라임색을 사용하는 경우는 찾아보기 힘들다. 민방위복이 아니라면 남성 공무원들은 공식석상에서 라임색상의 옷을 절대로 입지 않을 것이다. 디자이너의 말대로 '역동적이고 활기찬 색상의 옷'인 민방위복을 입고 사건 사고 현장에 나타는 공무원의 모습은 어떻게 이해해야 할까.

여성 대통령도 민방위복 착용의 획일성에서 예외가 될 수 없다. 박근혜 전 대통령은 취임 후 첫 3년간 민방위복을 17회 착용했다. 안보 관련 행사 때 8회, 메르스 사태 때 6회, 세월호 관련 2회, 가뭄 대책 때 1회 등이었다. 박 전 대통령은 여성이었기 때문에 다양한 의상을 입었는데 공식석상에서 가장 많이 입은 의상은 민방위복이었다. 이제 민방위복은 민방위를 떠나서 대한민국 남녀 공무원의 제복 반열에 올랐다고 할 수 있다.

민방위복을 역동적이고 활기찬 이미지를 가지고 만들었다는 당시 행정자치부 의견과는 달리 유치한 색상과 촌스러운 디자인으로 모든 공무원이 통일하고 있는 것이 어색하기만 하다. 지진, 홍수, 화재, 가뭄, 조류인플루엔자, 메르스 사태, 세월호 사건 등 각종 사건 사고 때마다 높으신 분들이 현장에 행차할 때면 예외 없이 민방위복을 입다 보니 왠지 민방위복 하면 정부의 무능력을 보는 것만 같다고 생각하는 사람도 있다. 「의류 강국 대한민국」에서 유치원 유니폼 색상 같기도 하고, 개인적으로는 절대로 선호하지 않을 디자인의 민방위복이 아무런 거부감 없이 애용되고 있다는 것이 신기하기까지 하다.

그렇다면 외국 공무원들은 어떻게 하고 있을까? 미국의 경우 백악관에서 국가안전보장회의NSC가 열리는 사진을 보면 많은 참석자들이 양복 정장 또는 노타이 정장을 하고 있다. 물론 합참의장 등 현역 군인의 경우에는 군복을 입는다. 여성 참석자의 경우 특별히 지정된 의상이 없다. 본인이 판단하여 편한 옷을 입고 참석한다. 힐러리 국무장관이 NSC에 참석한 사진을 보면 다양한 옷을 입고 있음을 알 수 있다.

NSC는 백악관 사무실에서 열리니까 그렇다 치고, 현장 방문 때는 어떠할까? 오바마 대통령은 항공점퍼 등을 애용하기도 했다. 공군 제복이라기보다는 사제 같아 보인다. 군부대를 방문할 때는 군복 야전상의를 입기도 했다. 2017년 8월 트럼프 대통령이 초강력

2016년 4월 아베 일본 총리가 구마모토현의 지진 피해 현장을 방문하여 피해자들과 대화하고 있는 모습. 소방공무원 활동복을 입고 있다. ⓒ 한겨레 (2016.4.28.).

2017년 8월 초강력 허리케인 하비가 텍사스를 강타했을 때 수해현장을 방문하고 있는 트럼프 대통령과 부인 멜라니 여사. 트럼프 대통령은 진한 곤색 재킷을 입고 있다. 멜라니 여사의 굽 높은 하이힐에 눈길이 간다. ⓒ news1 (2017.8.30.)

허리케인 하비로 피해를 입은 텍사스 수해 현장을 방문할 때는 짙은 곤색 재킷을 입었다. 정부의 제복이라기보다는 사제로 보인다. 펜스 미국 부통령은 같은 수해 현장을 다른 시간대에 방문하면서 청바지에 편안한 줄무늬 티셔츠를 입었다. 미국 고위공직자들은 현장 방문 때 특별한 유니폼도 없고, 복장 통일에 대한 지침도 없어 보인다.

일본의 내각 국가안전보장회의에는 총리, 관방장관, 외무상, 방위상 등 4인의 각료가 참석한다. 이들은 사복정장에 넥타이를 매고 있다. 어쩌다 노타이 정장 차림도 볼 수 있다. 아베 신조 일본 총리는 2016년 4월 구마모토현 지진 현장을 방문할 때 밝은 청색의 소방공무원 활동복을 입었다.

다시 우리나라의 경우로 돌아와서 생각해 보자. 사건 사고 때마다 민방위복을 입는^{입어야 하는} 지금의 정부 분위기가 바뀌기를 기대한다. 대안은 무엇일까? 경찰과 소방공무원의 제복에서 정답을 찾을 수 있겠다. 소방공무원의 경우 구조 활동복은 황색이지만 나머지 제복들은 연회색이나 검정색이 주를 이루고 있다. 경찰공무원의 점퍼 색상은 다크 그레이^{짙은 회색}다. 이 제복은 디자인도 멋있고 색상도 차분하면서도 세련되었다고 하면 필자만의 생각일까.

하지만 새로운 복장을 도입하는 데 들어가는 예산도 만만치 않다. 약 90만 명의 공무원^{국가+지방직 포함. 군인·경찰·소방직 제외}이 단가 3만 원의 옷을 새로이 마련한다면 단순 계산으로도 270억 원이 필요하다는 답이 나온다. 돈도 돈이거니와 정장 차림이 '거시기'한 때와 장소에

서도 민방위복으로 통일하지 말고 다양하고 자유로운 복장을 입도
록 하는 것도 대안이 될 수 있다. 사회 각 분야에서 민주화되었다
는 대한민국에서 민방위복의 획일성에 대해서만은 이견이 없는 현
상은 쉽게 설명이 안 된다.

국회 자료제출 요구, 법대로 합시다

국회 업무 담당자들의 애환

정치인의 출판기념회, 갈 수도 안 갈 수도 없는 난처한 행사

국회의원 보좌관,
당신도 공무원이다

대한민국은 정치 과잉 사회다

국회와
공무원

Part 4

국회 자료제출 요구,
법대로 합시다

〜〜〜〜〜

　2016년 9월 5일 당시 새누리당 이정현 대표는 국회 본회의 교섭
단체대표 연설에서 "많은 국민들은 국회야말로 나라를 해롭게 하
는 국해國害의원이라고 힐난하고 있다."고 하였다. 이 대표는 이날
연설에서 우리 국회의 문제점을 대략 다음 10가지로 지적하였다.

❶ 곧 폐교될 시골 중학교에 수십 억 체육관 짓고 업적이라고 자랑하기

❷ 툭하면 공무원들을 하인 다루듯이 하고, 고성 질타로 윽박지르기, 민원
　거절에 대해 무형의 보복하기

❸ 공무원들에게 민감한 자료를 엄청나게 요구하기

❹ 바쁜 경제인을 국회 출석시켜서 하루 종일 질의하지 않고 대기시키다 돌
　려보내기

❺ 어깨 힘주고 부정한 청탁하기, 의원 대접 강요하기, '국회의원=절대선'으
　로 자처하기

❻ 민생 현장 방문을 사진 찍기용으로 이용하기

❼ 국회는 당파 싸움하는 곳

❽ 무노동 유임금 특권 누리기

❾ 국회가 만든 국회법을 스스로 휴지조각으로 만들기

❿ 범법행위가 의심되는 동료 의원 감싸기

　여기서는 우리 국회의 문제점을 모두 살펴볼 생각은 없다. 다만 국회의 자료제출 요구에 대해 살펴보기로 한다. 장·차관이나 고위 공무원의 경우 각종 국회 회의 출석에 많은 시간을 보내고 있지만 행정부 실무 공무원이 가장 힘들어하는 것이 국회로부터의 자료 제출 요구다. 이정현 대표의 발언 내용 중 관련 내용을 옮겨 본다.

　"저도 그런 적이 있지만 국회의원의 자료 요청은 상임위 의결을 거쳐야 함에도 의원 임의로 민감한 자료들을 많게는 트럭 한 대나 되는 양으로 무더기 제출하라고 압박하는 것도 실제로 국회에서 일어나고 있는 일입니다."

　이 발언 내용을 보다 더 구체적으로 살펴보자. 우리 국회는 수시로 행정부에 대해 엄청난 자료 제출을 요구하고 있다. 국회의원뿐만 아니라 국회 전문위원실과 예산정책처 등에서도 자료 요구를 하고 있다. 특히 국회 국정감사를 앞두고 실무 공무원들 입장에서는 국회로부터의 자료 제출 요구에 대응하는 것이 가장 큰 일이다. 국회의원실에서 국정감사를 앞두고 요구하는 내용이 많기도 하거니와 황당한 것들도 많다. 요구 내용이 너무 방대하여 자료 제출이 도저히 불가능한 경우도 있다. 다음은 매년 국정감사 때마다 국방부가 국회로부터 자료제출 요구를 받는 내용이다.

> 20XX년도 이후 현재까지 국방부, 국직부대, 합참, 육본, 해본, 공본, 해병대
> 사, 각 사단, 육직부대, 군 사령부, 군단 및 사단, 해군 직할부대, 각 함대사, 공
> 군 직할부대 및 예하 비행단을 포함한 군의 계약 현황
> 　– 제한경쟁, 수의계약, 일반경쟁 계약별로 구분 작성 바람.
> 　– 발주기관(부대명), 계약일자, 거래처명, 거래업체, 계약명, 계약금액을 명시

이 요구 내용은 계약 건수로 본다면 최소 10만 건, 최대 30만 건
정도다. A4 용지 1장에 대략 50건의 계약 내용을 엑셀시트로 프린
트한다고 가정하면 10만 건 계약 내용은 2천 쪽 분량이다.

경쟁계약은 상대적으로 관심이 낮다고 보아 수의계약만으로 한
정시켜도 엄청난 분량이다. 우리 군의 연도별 수의계약 건수는
2009년 1만 5,652건, 2010년 2만 608건, 2011년 2만 6,018건 등
이다. 이 3년간 수의계약 내용을 제출하라는 자료요구도 있었다.
한 줄에 한 건의 계약 현황을 작성한다고 하면 6만 2,278라인이다.
A4 용지 한 장에 30라인씩 찍는다고 할 때 2,076쪽이라는 단순
계산이다. 재정정보시스템에 구축된 계약정보 데이터베이스를 활
용한다고 하더라도 요구 내용만 추려 엑셀로 출력하기 위해서는
예산담당자들의 엄청난 시간과 수고가 들어간다.

대한민국 국회가 해도 너무한다는 생각이 들어서 국회법 관련
조항을 살펴보았다. 국회가 행정부에 대하여 자료 제출을 요구할
수 있는 근거는 국회법 제128조 ❶항과 ❷항에 있다.

> ❶ 본회의, 위원회 또는 소위원회는 그 의결로 안건의 심의 또는 국정감사나

국정조사와 직접 관련된 보고 및 서류 등의 제출을 정부, 행정기관 기타에 대하여 요구할 수 있다. 다만 위원회가 청문회 국정감사 또는 국정조사와 관련된 서류 등의 제출 요구를 하는 경우에는 그 의결 또는 재적위원 1/3 이상의 요구로 할 수 있다.

❷ 제1항의 규정에 불구하고 폐회 중에 의원으로부터 서류 등의 제출 요구가 있을 때에는 의장 또는 위원장은 교섭단체 대표의원 또는 간사와 협의하여 이를 요구할 수 있다.

이 국회법 조항을 해석해 보자. 먼저, 정부에 대해 자료제출을 요구할 수 있는 주체는 본회의, 위원회, 소위원회다. 국회의원 개인이나 보좌관의 자격으로는 자료 제출을 요구할 수 없다. 둘째, 위원회 또는 소위원회의 의결이 필요하다. 이러한 의결이 없을 경우 정부는 자료를 제출할 법적인 의무가 없다. 셋째, 요구 내용은 국정조사와 '직접' 관련된 보고 또는 서류여야 한다. 최근 '몇 년간 보고서', '어느 기간에 결재한 서류 목록 일체', '수의계약 내용 일체' 등과 같은 이른바 '저인망식 자료요구'는 국정감사 또는 국정조사와 '직접 관련된' 서류로 볼 수 없다. 넷째, 국회 폐회 시에는 상임위원회 위원장이 여야 간사와 협의하는 절차가 필요하다.

하지만 지금의 현실은 국회법이 정한 네 가지 조건이 전혀 지켜지지 않고 있다는 데 문제가 있다. 실제로 국회에서 행정부로 자료 제출을 요구하는 과정을 보면 각 의원실에서 의원보좌관이 〈의정자료유통시스템〉이라는 컴퓨터 정보체계에 로그인하여 자료 요청 사항을 입력하여 해당 부처로 보낸다. 이때 '위원회 또는 소위원회 의결' 등의 법적 조건이 전혀 이루어지지 않는다. 해당 부처의 국회 업무 담당자가 같은 정보시스템을 통하여 이 내용을 확인하면 자료 요청을 접수한 것이 된다.

이와 같이 국회는 위원회나 소위원회 자격으로 자료 요구도 하지 않고, 위원회의 의결도 없으며, 국회 폐회 시에 의무적으로 거쳐야 하는 '상임위 간사 협조와 위원장 결재'도 받지 않는다. 의원 보좌관이 국회의원에게 보고하지도 결재받지도 않고 자료를 요구하는 경우가 대부분이다. 이렇게 자료 제출을 요구하더라도 행정부 실무자들은 밤을 새워 트럭 몇 대 분량의 자료를 제출해야 하는 것이 현실이다. 엄연한 국회법 위반이다.

새누리당 이정현 대표는 2016년 9월 5일 국회 대표연설에서 말했다. "법을 만든 사람들이 국회의원인데 일반적인 법은 물론 자신들이 만든 국회법도 지키지 않는다고 국민들은 국회를 비웃습니다."

법치국가에서는 법대로 하는 것이 원칙이다. 법대로 하지 않으면 위법이다. 국회법은 국회가 지키라고 국회가 스스로 만든 법이다. 행정부의 많은 공무원들은 국회법 관련 조항에 따라 자료 요구가 이루어지기를 희망한다. 하지만 우리나라에서 "법대로 하자."라고 하면 서로 감정이 나빠지고 관계가 틀어지는 경우도 종종 생긴다.

국회 업무 담당자들의
애환

~~~~~~~~~~

다음은 『노태우 회고록 – 상권』 내용 중 일부다.[19]

　1985년 4월 11일, 제12대 국회가 개원되었다. 전국구로 초년생 국회의원이 된 나는 얼떨떨하기만 했다. (…) 국회에 들어가 보니 관록官祿으로 위계를 따지는 분위기가 역력했다. 게다가 국회생활은 내 체질에 전혀 맞지 않았다. 의원들의 태도가 순간적으로 돌변하는 일이 너무 잦았다. 어떤 문제를 놓고 여야 간의 논의가 잘 진행되다가도 갑자기 의원들의 자세가 180도 돌변해 버리곤 했다. 당론黨論이 바뀌었다는 게 이유였다.

　우리의 정치가 이런 수준에 머물러 있으니 어떻게 국민들의 신망을 얻을 수 있단 말인가? 나는 처음부터 정치에 대한 실망이 컸다. 이 생활을 어떻게 견디어야 하는가. 전국구이니까 "정당한 공직公職을 맡게 되면 의원직을 그만두어 버릴까." 하는 생각을 떨쳐버릴 수 없었다. (…)

　국회에서 하는 일이라고는 싸움밖에 없는 것으로 비쳐졌다. (…) 요즘 들어 국회의원 시절을 가끔 떠올리는데 내 인생에서 가장 어려웠고 어려웠던 만큼의 보람도 느끼지 못했던 때로 기억된다.

노태우 전 대통령이 30년 전 경험한 우리 정치와 국회에 대한 실망감이다. 그로부터 한 세대가 지났지만 우리 국회는 얼마나 달라졌을까. 권위주의 정부 시절에 군 출신으로서 실세 장관을 세 군데^{체육, 정무, 내무}나 거치고 국회의원이 되셨던 분이 국회의원 시절을 되돌아보며 "인생에서 가장 어려웠고" "보람을 느끼지 못했다"고 한다면 지금 국회 업무를 담당하는 행정부 공무원들의 애환은 오죽하겠는가.

우리나라는 행정부, 국회, 법원의 3권 분립 체제이며 상호 견제와 균형의 원리로 작동하고 있다. 하지만 언제부턴가 국회의 파워가 점점 세지면서 행정부와 국회의 관계는 국회에 유리하게 기울어진 운동장이 되어버렸다.

예산안 심의와 법률 제정 등은 헌법상 국회의 고유 권한이기 때문에 논외로 하자. 지금 우리 국회 상임위원회는 예산과 법률을 제외하고 각 부처의 웬만한 정책과 현안들까지 간섭하고 있다. 2005년 국무위원^{장관}에 대한 국회 인사청문회 제도가 생기고서부터 국회의원이 장관을 호통치는 사례가 많아졌다. 인사청문회를 힘들게 통과한 장관일수록 국회의원에게 힘을 못 쓰는 경우가 많다. 장관이 힘을 쓰지 못하니 차관부터 국장, 과장까지 줄줄이 국회에만 가면 힘이 빠진다.

국회 업무를 담당하는 행정부 실무자들의 애환은 여러 가지 모습으로 다가온다. 국회법을 위반한 엄청난 자료 제출 요구, 국회 보좌관들의 갑질 그리고 각종 국회 보고서와 자료를 준비하느라 야근과 주말 근무를 밥 먹듯이 하는 것 등이다. 사전 계획된 국회 회의라도 수시로 일정이 바뀌기도 한다. 여야가 충돌하기라도 하면 회의가 기약 없이 지연되는 것은 물론이고 언제 열릴지도 모를 회의를 위해 행정부 공무원들은 하염없이 국회에서 대기모드를 유지해야 한다. 법사위와 예결위 등 여러 부처 안건을 처리하는 경우 각 부처 공무원들은 차례가 오기까지 기다려야 한다.

국회 업무를 주로 하는 중앙부처 실무자들은 두 가지 자격 요건을 갖추어야 한다. 자존심을 버릴 줄 알아야 하고 기다림의 달인이 되어야 한다. 먼저, 국회 담당 공무원은 자존심부터 버려야 한다. 막무가내로 호통치거나, 질문만 하고 답변은 들으려고 하지 않는 국회의원, 무례하기 짝이 없는 국회 보좌관들의 업무 행태 등은 자존심을 버리고 참을 수밖에 없다. 모 지방자치단체 공무원 노조는 청사 앞에 다음과 같은 커다란 현수막을 내걸기도 했다. "의원님, 우리는 당신의 하인이 아닙니다. 막말하지 마십시오." 전래동화『토끼전』에서 토끼가 용궁에서 살아나올 수 있었던 것은 '간을 육지에 두고 왔다'고 말한 덕분이다. 지금 이 순간에도 많은 행정부 공무원들은 간은 사무실에 두고 여의도 국회를 향하고 있을 것이다. 그래야 오래 산다. 그렇지 않으면 국회를 다녀올 때마다 화병이 쌓여 단명할 것이다.

둘째, 국회 업무의 대부분은 '기다리는 것'이다. 국회 질의를 기다리고, 밤늦게까지 예상 질문서를 기다리고, 예정된 시간에 열리지 않는 회의가 열릴 때까지 기다린다. 여야 의원들끼리 싸워 정회가 되면 싸움이 끝날 때까지 무작정 기다린다. 언제까지 기다리면 된다는 것을 알고 기다리는 것은 진정한 기다림이 아니다. 언제까지 기다려야 하는지를 알지 못한 채 무작정 기다리는 것이 진정한 기다림이다. 10~20분 정도의 기다림은 진정한 기다림이 아니다. 몇 시간 씩, 오후 내내, 하루 종일, 어떤 때예: 예결위 예산 심사 등는 며칠 씩 기다리기도 한다.

　내 사무실, 내 책상, 내 의자에서 편하게 앉아서 기다리는 것은 진정한 기다림이 아니다. 제대로 앉을 곳도 없는 국회 복도에서 몇 시간씩 서서 기다리거나, 엉덩이 붙일 만한 곳이면 아무 데나 죽치고 기다려야 한다. 책, 신문, 서류 등 무언가를 열심히 보면서 기다리는 것은 진정한 기다림이 아니다. 넋이 나간 듯 앉아 있거나, 국회 복도 TV를 멍하니 쳐다보거나, 핸드폰을 그냥 만지작거리며, 가끔씩은 병든 닭처럼 꾸벅꾸벅 졸면서침도 흘리면서 기다리는 것이 진정한 기다림이다. 그래서 국회 업무를 해 본 사람이면 누가 말해주지 않아도 저절로 깨닫게 된다. 국회 갈 때는 자존심을 사무실에 두고 가야 하고, 머지않아 '기다림의 달인'이 된다는 것을.

　다음은 『명작에게 길을 묻다』 제2권송정림 지음. 갤리온 펴냄, 2007 147~148쪽 내용 중 일부다.

　필자는 이 시 덕분에 국회 업무를 견딜 수 있었던 것을 다행으로 생각한다. 사무엘 베케트의 희곡 「고도를 기다리며」를 소개하는 글이며 제목은 「기다림은 만남을 목적으로 하지 않아도 좋다」이다.

사는 것 자체가 기다림이 아닐까?

작게는 시켜놓은 음식을 기다리는 일에서부터 내 꿈이 이루어지기기를 기다리는 것까지.

약속 장소에서 그가 오기를 기다리는 일에서부터,

일생에 꼭 한번 만나고 싶은 사람을 기다리는 일까지,

하루 중 가장 좋아하는 시간을 기다리는 일에서부터,

좋아하는 계절을 기다리는 일까지. (…)

어느 순간에는 내가 도대체 뭘 기다리는지도 모른 채 무작정 기다리고,

기다리는 존재가 없으면 기다림을 만들어 기다린다.

꼭 만나지 않아도 좋다. 그냥 기다린다.

그래서 시인은 노래하지 않았던가,

기다림은 만남을 목적으로 하지 않아도 좋다고…

기다리고 기다리고 또 기다리는 기다림의 중독자들,

기다림에 묶여 있는 종신 유형수들… 바로 우리들이다. (…)

인간만 기다리는 것이 아니라 온 우주의 생물이 다 기다린다.

달맞이꽃은 달을 기다리고, 해바라기는 해를 기다리고,

개구리는 비가 오기를 기다리고, 목마른 나무는 비가 오기를 기다린다.

그러므로 기다림은 인생이고 우주의 운행과 같은 것이다.

정치인의 출판기념회,
갈 수도 안 갈 수도 없는 난처한 행사

〰〰〰〰〰〰〰〰〰〰〰

필자가 국방부 기획조정실장일 때 곤혹스러웠던 경우는 국회의
원 출판기념회의 초청장을 받았을 때다. 수시로 국회를 출입하다
보니 초청장이 오지 않아도 관심 있는 국회의원들의 출판기념회
소식 정도는 저절로 알게 된다. 국방위원회 소속 의원들의 출판기
념회는 빼놓지 않고 간다. 의무는 아니지만 안 갈 수 없다. 예산결
산특별위원회나 법사위원회 소속 의원들 중에서 평소에 안면이 있
는 국회의원이 출판기념회를 한다면 가급적 참석해서 눈도장이라
도 찍으려고 했다.

국회의원 출판기념회는 주로 여의도 의원회관에서 열린다. 출판
기념회에 가 보면 관련부처 장·차관이나 공무원, 기관장, 관련 기업
체 임원, 지역구 유권자, 지역 유지 등 많은 사람들이 보인다. 유명
정치인의 경우 악수하려는 하객들의 줄이 끝이 안 보이기도 한다.

문제는 빈손으로 갈 수 없다는 데 있다. 고위공직자가 시중 책

값 1만 5천 원 정도만 봉투에 넣고 돌아올 수는 없다. 보통 얼마를 내는 걸까, 얼마를 내야 하는 걸까? 지역구 유권자들은 책값 정도만 내고 책 한 권 받아 오면 그만일 것이다. 다른 중앙부처 기조실장들에게 은근슬쩍 물어보았더니 10~30만 원 정도가 보통이다. 부탁했거나 부탁할 일이 많은 경우엔 30만 원, 그냥 지나치기 어려운 경우엔 10만 원, 이런 식이다. 물론 장·차관이나 기관장들은 이보다 훨씬 더 많은 금액을 봉투에 넣을 것이다. 금액이 천차만별이라 한두 숫자로 말할 수 없을 뿐만 아니라, 알더라도 말하지 않는 것이 좋겠다.

국정감사나 다음 해 총선을 앞두고 있을 때 여의도 의원회관에서는 국회의원들의 출판기념회가 연이어 열린다. 건당 10~30만 원 상당 현금 봉투를 출판기념회 모금함에 넣고 온다. 이 돈은 전액 필자의 호주머니에서 나왔다. 행정부처 공무원에게 이런 명목으로 현금^{공금} 지원이 되지 않는다. 업무추진비 카드^{법인카드}로 결제해서도 안 된다. 몇 년 전 일부 국공립 대학교 총장들이 법인카드나 공금으로 출판기념회에 돈을 낸 것이 공개되어 문제가 되기도 했다. 마누라는 "당신~ 요새 무슨 용돈을 이렇게 많이 쓰느냐?"고 타박하지만 어쩔 수 없는 노릇이다. 호주머니 사정이 정 안 좋을 때는 모른 척하고 출판기념회에 안 가는 경우도 있지만 국정감사나 예산안 심의를 앞두고 있는 가을철에는 그럴 수도 없다.

내 돈이 아까워 본전 생각이 난다. 봉투에 10만 원 넣었을 때는 대략 10권, 30만 원 넣었을 때는 30권 정도 들고 온다. 행사 현장에서는 직접 봉투 속의 돈을 헤아려 보지 않지만 행사 담당 보좌관들을 잘 알기 때문에 몇십 권 정도는 들고 올 수 있다. 이렇게 가져온 책들을 사무실 한구석에 쌓아 놓고 만나는 사람마다 한 권씩 선물(?)한다. "○○○의원 출판기념회에 갔다가 받아 온 것인데 한 권 가지고 가세요."

정치인들의 출판물만큼 재미없고, 감동 없는 책도 없다. 바쁜 정치인들이 조용히 앉아 책 쓸 틈이 어디 있겠는가. 대부분 대필한 걸로 보이고, 자기 자랑이 대부분이며, 글보다는 사진이 더 많기도 하다. 중고서점에서는 정치인들의 책은 안 사 준다. 그럼에도 불구하고 이런 책들을 직원들에게 선물(?)한 이유는 본전 생각에 가져는 왔지만 휴지통에 버리자니 그렇고, '내가 고지서 납부하고 받아 온 책'이라는 점을 은근히 나타내려는 의도도 있었다.

통계에 의하면 제19대^{2011~2014} 국회의원 300명 중 192명이 총 279건의 출판기념회를 가졌다고 한다. 국회의원 2/3가 출판기념회를 가졌다는 것이다. 2회 이상 출판기념회를 가진 경우는 54명, 3회 이상 13명이었다. 국회의원들이 출판기념회를 한 번 하면 보통 1억 원 정도는 번다고 한다. 유명세가 많으면 많을수록 수입액은 늘어난다. 수입을 극대화하기 위해 행사를 두 번 하는 경우도 있다. 서울 여의도 의원회관에서 한 번, 지역구에서 한 번. 이군현 의원^{자유한국당. 경남 통영시·고성군}은 같은 책을 가지고 2013년 9월 3일(화) 여의도 의원회관에서, 9월 7일(토) 통영시민문화회관에서 출판기념회를 두 번 가졌다. 당시 그는 새누리당 소속으로 국회 예결특위 위원장이었다. 국회 예산심의를 앞둔 9월이었으므로 출판기념회가 열린 의원회관은 하객들로 미어터졌다.

출판기념회로 번 돈은 정치자금법의 적용을 받지 않는다. 정치자금법에 의하면 국회의원의 후원금 모금한도는 연간 1억 5천만 원이며, 선거가 있는 해는 3억 원이다. 출판기념회 수입은 여기에 해당되지 않는다. 선거관리위원회에 신고하지 않아도 되고 회계자료를 존안할 필요도 없다. 우리나라 정치자금법은 매우 복잡하고 정교하지만 출판기념회라는 단어는 찾아볼 수 없다. 몇 년 전 S국회의원은 출판기념회에서 들어온 현금을 여의도 모 은행 대여금고에 넣어 두었다가 검찰의 압수수색을 받기도 했다. 검찰이 대여금고를 압수수색하는 경우는 매우 드물다. 정보를 알 수 없기 때문이다. 하지만 S의원의 경우 현금을 관리했던 보좌관이 검찰에 대여금고 정보를 알려주었다는 소문도 있다. 보좌관이 모시는 국회의원의 약점을 잡고 이용한 사례라고 하겠다.

출판기념회는 편법적인 정치자금 모금 창구다. 이것이 사회적으로 문제가 되자 국회에서도 대책을 마련하기 시작했다. 2016년 10월 국회의장 직속 〈국회의원 특전 내려놓기 추진위원회〉에서는 출판기념회 전 선거관리위원회에 신고하고, 금품 모금은 전면 금지하며, 행사장에서 출판사가 책을 정가로 판매하는 것만 허용한다는 방안을 마련하여 국회의장에서 보고했다. 하지만 이를 실천에 옮겼다는 이야기는 들리지 않는다. 출판기념회는 여전히 정치자금법의 사각지대에 있다.

현직 국방부 차관이 출판기념회를 가진 경우가 있었다. 김영룡 국방차관재직기간 2006년 11월~2008년 1월은 2008년 1월 8일 국방부 영내

국방회관에서 자서전『시골 소년의 세상구경』의 출판기념회를 열었다. 그리고 며칠 후 차관직을 사퇴하고 제18대 총선에 출마했다. 통합민주당의 전남 화순·나주 후보로 나왔으나 당선되지 못했다. 공직선거법상 선거 90일 전부터 선거일까지는 후보자와 관련 있는 저서의 출판기념회를 열 수 없다. 제18대 총선일 4월 9일부터 90일을 거슬러 올라가면 1월 9일이 된다. 현직 차관이 국방부 영내에서 출판기념회를 했으니 많은 국방부 직원들이 갔다. 봉투를 들고서.

국회의원 보좌관,
당신도 공무원이다 [20]

여의도 국회에 근무하는 사람은 몇 명이나 될까? 대략 계산해
보자. 먼저 국회의원 정수는 300명이다. 의원 1인당 보좌진 9명[4급
과 5급 각 2명, 6~9급, 인턴 각 1명]으로 계산하면 약 2,700명의 보좌진이 근
무한다는 계산이다. 국회 공무원은 4,063명이다[2016년 말 기준]. 이들
은 국회 사무처, 입법조사처, 국회도서관, 예산정책처 등에 근무하
고 있다. 각 정당의 당직자, 행정부에서 파견된 공무원, 용역업체
직원, 출입기자 등도 국회에 상주하고 있다. 이렇게 보면 국회에
상시 근무하는 사람은 대략 7~8천 명 수준으로 추정할 수 있다.

이 중에서 실무 공무원들이 가장 많이 업무 협조를 하는 사람은
국회 보좌관이다. 국회의원은 실무자보다는 장·차관이나 고위공
무원들이 주로 만난다. 실무자들은 국회 보좌관들과 일하는 경우
가 대부분이다. 제19대 국회 들어와서부터 국회의원은 7명의 보좌

직원과 2명의 인턴 직원을 둘 수 있게 되었다. 4급 보좌관 1명, 5급 비서관 2명, 6, 7, 8, 9급 비서 각 1명이다. 국회의원 보좌관 수는 1981년 3명에서 5명[1988], 6명[1997], 7명[2010] 등으로 계속 늘어났다.

4, 5급 보좌직원을 의원 '보좌관'이라 한다면 의원보좌관은 우리나라에서 단 600명밖에 없는 특수직업군이다. 이들 보좌관들이 하는 일은 다양하다. 상임위원회 활동과 선거운동에서부터 정당 및 원내 활동 보좌, 지역구 관리, 민원처리, 의정활동 홍보[SNS 포함], 후원회 관리, 지역구 예산 및 선거 공약 챙기기, 각종 행사 참석, 지역구 주민들의 국회 관광안내에 이르기까지 광범위하다. 모시고 있는 의원님의 전화는 밤낮과 주말을 가리지 않고 받아야 할 뿐만 아니라 의원님이 부르면 언제든지 달려갈 수 있는 대기상태를 유지하고 있어야 한다.

보좌관은 국회의원의 의정활동을 뒷받침하는 실무자이며, 유능한 정치 참모이고, 예산과 입법 전문가여야 한다. 과거에 보좌관은 국회의원의 정치적 동지관계인 경우가 많았다고 하지만 요즘엔 국회의원에 고용되어 연줄과 실력 그리고 충성을 겸비해야 살아남는 비정한 직업 세계다.

장·차관을 지내다가 국회의원이 된 이들의 의정활동을 보면 처음 얼마 동안은 정부에 있을 때의 경험을 가지고 정책질의를 한다. 하지만 얼마 못 가 보좌관들이 써 준 내용에 주로 의존하는 경우를 많이 볼 수 있다. 정부를 상대로 한 정책질의 등은 자료 분석, 논리적 정리, 그리고 꾸준한 노력 없이는 불가능하기 때문이다.

직업으로서의 보좌관 세계를 정리해 보면 첫째, 보좌관은 입법부에 소속된 별정직 공무원이지만 신분 보장을 받지 못하는 사실상의 비정규직이나 다름없다. 국회의원 임기는 4년이지만 보좌관의 임기는 없다. 해당 국회의원이 보좌관에 대한 임명과 면직 요청권을 가지고 있다. 국회의원이 국회 사무처에 보좌직원 임명요청서를 보내면 채용되는 것이고 면직요청서를 보내면 그날로 그만두어야 한다. 불합리한 면직이 있더라도 어디에 하소연할 데가 없다.

보좌관 채용에 무슨 인사규정이 있는 것도 아니어서 채용 스타일은 의원실마다, 그리고 의원실 내에서도 제각각이다. 석·박사 또는 외국 유학 등 객관적인 스펙 위주로 인선하는 의원실이 있는가 하면 지역구에서 추천 또는 누구의 부탁을 받아 채용하는 경우도 있다. 친인척과 자녀를 채용하여 신문에 나서 망신살이 뻗치는 경우도 있다.

별정직이라고 하더라도 공무원이기 때문에 20년 이상 근무하면 연금을 받을 수 있다 하지만 보좌관으로 20년 이상 근무하는 경우는 한 손으로 꼽을 정도에 불과하다. 보좌관이 연금 받기란 국회의원 공천 받기보다 힘들다.

둘째, 보좌관은 조직에 소속되어 있지 않으므로 승진도 없고 복잡한 경력관리 같은 것도 없다. 국회의원 개개인이 하나의 회사라고 한다면 여의도에는 직원 7~9명의 소기업 300개가 있는 셈이다. 많은 조직의 경우 회사의 발전이 개인의 발전이고 개인의 발전이 회사의 발전에 도움이 된다. 하지만 국회의원은 4년 단위로 운영되는 소기업이기 때문에 '발전'이라는 개념이 없다. 보좌관 10년 한다고 국회의원이 되는 것도 아니고 업무 영역과 책임이 넓어지는 것도 아니다.

보좌관이 되기 위해 시험을 치러야 하는 것도 아니고, 인사위원회라는 것도 있을 리 없고, 승진도 없으니 승진시험도 없고 근무평정도 없다. 보좌관에 대한 체계적인 교육이나 연수도 없다. 국회사무처 또는 소속 정당에서 가끔씩 오리엔테이션 수준의 교육은 있지만 대기업이나 정부조직에서와 같은 교육 시스템이 있을 리 없다. 전임자나 동료들의 조언, 타고난 순발력 등을 바탕으로 혼자 익히고 혼자 살아가야 한다. 매년 가을 국정감사가 끝나면 많게는 100여 명의 보좌관들이 잘린다고 한다. 모시고 있는 의원님으로부터 실력 없다고 인정(?)받은 경우다.

셋째, 보좌관은 국회의원을 통해서만 의정활동이 기록으로 남으며 자신의 업적이 직접 드러나지 않는다는 한계가 있다. 밤샘하여 자료를 준비해도 의원님이 상임위원회나 본회의에서 발언해 주지 않으면 그것으로 끝이다. 보좌관은 하루 종일 국회 회의장에 앉아 있어도 한마디 발언권이 주어지지 않는다. 의원의 의정활동은 존재하지만 보좌관의 성과란 없는 것이다.

넷째, 조직에 매여 있지 않다 보니 자유분방하기도 하지만 조직에 의한 통제와 관리가 되지 않아 좋게 말하면 개성이 강하고, 나쁘게 말하면 싸가지 없는 보좌관들도 있다. 정부나 회사였다면 승진 탈락 등으로 도태되었을 경우도 허다하다. 출퇴근 시간이 일정하지도 않고 출근부가 있는 것도 아니며 오로지 모시고 있는 의원님의 스타일에 따라 근무 형태와 분위기가 천차만별이다. 출장승

인서나 출장복명서 같은 것도 없다. 문서가 없다 보니 결재도 없다. 오로지 의원님의 승인만 받으면 그만이다. 휴가도 특별히 정해져 있지 않고, 어쩌다 의원님이 지방이나 해외여행이라도 가면 돌아가면서 쉬는 것이 바로 휴가다. 1년 동안 얼마나 지각했고, 휴가를 며칠간 사용했으며, 야근과 특근을 얼마나 했는지 등 근무기록이 아예 없다. 그래서 보좌관들은 연가보상비를 전액 수령한다.

마지막으로 보좌관의 현재도 불안정하지만 미래도 불투명하다. 모든 조직에서 좋은 상사를 만나는 것은 큰 복이다. 의원 보좌관에게는 특히 그러하다. 합리적이고 인간적이면서도 선거 때마다 계속 당선되는 그런 국회의원을 만나야 하는데, 그게 쉽지 않다. 봉급 떼먹지만 않으면 다행이다. 선거에 낙선하여 국회를 떠날 때 데리고 있던 보좌관의 취업 걱정을 해주는 국회의원이 있는가 하면, 하루아침에 잘라 버리는 냉혹한 고용주 같은 국회의원들도 적지 않다.

선거 결과에 따라 보좌관들의 운명이 달라진다. 모시고 있는 의원이 낙선하면 정치적 소신은 둘째치고 당을 옮겨서라도 자리를 잡으면 그나마 다행이다. 보좌관 경험을 바탕으로 정치인으로 변신하는 사례도 있지만, 의원이 낙선하거나 실력이 없거나 인연이 다해 잘리면 여의도를 떠나야 한다. 보좌관 생활을 하다 바깥 사회에서 새로운 직업을 얻기 힘들고 그래서 여의도 국회 주변을 맴돌면서 로비스트로 전락하는 경우도 있다.

그러나 보좌관도 공무원이다. 국민의 세금으로 봉급 받는다는 생각으로 도덕적으로 깨끗해야 하고 자기 관리에 철저해야 한다.

일부 보좌관들이 이권에 개입하여 구설수에 오르거나 업무적으로 오버하는 경우를 종종 보기도 한다.

　다음은 이주희의『보좌관』중 일부다.[21]
　글 제목은「보좌관 금기사항」이런 생각을 하고 있는 보좌관이 있다는 것이 다행이라면 다행이다.

　첫째, 호가호위하지 말 것. 보좌진은 국회의원의 의정 활동을 보좌하는 별정직 공무원이다. (…) 간혹 지위와 신분을 망각하고 국회의원을 등에 업고 마치 자기가 국회의원인 양 호가호위하는 보좌진이 있다. 정말 부끄러운 일이다. 등 뒤에서 욕하고 있다는 사실을 본인만 모른다.

　둘째, 이해 당사자에게 얻어먹지 말자. 목적과 대가가 없는 향응은 없다. 얻어먹다 보면 보좌진의 역할에 충실하기 어렵고 비굴해진다. 남의 것을 날로 먹으려 드는 사기꾼과 거지, 그 이상도 이하도 아니다. 당당하게 일하고 싶다면 '거지 근성'을 버려라.

　셋째, 입은 한없이 무겁게. 국회에는 다양한 부류의 사람들이 드나든다. 사람들에 따라 다양한 이야깃거리들이 차고 넘친다. (…) 국회 수다쟁이들이 사실 확인이 안 된 소문과 이야기를 옮겨서 문제가 되는 경우도 많다. (…) 진원지를 추적하기 어려울 정도로 확대되고 재생산된 소식이 의원회관 전체를 돌고 돌아 국회 밖으로 퍼져 나가고 기자들에게 들어가는 건 시간문제다. (…)

　넷째, 질의서 받지 마라. 산하기관이 작성해 준 질의서를 넘겨받는 보좌진이 아직도 있다는 이야기를 듣고 깜짝 놀랐다. 보좌진 공공의 자존심을 무너뜨리는 행위다. (…)

　다섯째, 시건방 떨지 마라. 어디를 가도 똑똑하고 잘난 사람들이 참 많은 세상이다. (…) 그런데 고개를 숙일수록 내 위상이 더 높아지고 내 편이 많아진다는 것을 경험적으로 깨닫게 되었다.

대한민국은
정치 과잉 사회다

 퇴직하고 백수가 되고부터 동네 목욕탕에 자주 가게 되었다. 그
것도 평일 낮 시간에 말이다. 목욕탕 남자 탈의실에는 아저씨 한
분이 근무하고 있다. 탈의실과 욕탕 청소도 하고 주문이 있으면 세
신洗身. 때밀이도 하고 구두도 닦아준다. 바쁜 것 같아 보여도 그리 바
쁘지 않다.

 한가한 낮 시간엔 아저씨는 주로 TV를 본다. 탈의실 벽에는 커
다란 평면 TV가 종합편성채널로 세팅되어 있다. 종편에서는 하루
종일 정치 뉴스와 정치 토크쇼를 쏟아내고 있다. 덕분에 목욕탕 아
저씨는 세상 돌아가는 이야기, 특히 정치권 소식을 소상하게 알고
있다. 우리나라에서 '세상 돌아가는 이야기'란 '정치 이야기'라고 해
도 과언이 아니다.

 당시 종편 TV에는 하루 종일 최순실 뉴스로 가득했다. 당시 필
자는 최순실 사건과 관련하여 자주 등장하는 사람들의 이름은 많

이 들어보았지만 누구랑 어떤 관계인지 잘 기억하지 못했다. 누가 어디로 출석했다는 곳이 검찰인지, 특검인지, 헌법재판소인지 가물가물하기만 하다. 하지만 목욕탕 아저씨는 그들의 관계뿐만 아니라 혐의 내용까지 소상히 알고 있다. 나름대로 죄질의 나쁜 정도까지 판단하고 있었다. TV 종편 방송 덕분에 정치 평론가 수준이 된 것이다.

동네 목욕탕뿐만 아니다. 역 대합실, 종합병원 대기실, 미장원, 공항 로비, 경로당, 식당 등 대한민국에서 TV가 있는 곳엔 낮 시간 동안 종편을 틀어놓고 있고, 종편에서는 정치 이야기가 끊임없이 이어지고 있다. 정치 토크쇼는 종편이 지상파 방송보다 확실히 잘하는, 경쟁력 있는 프로그램이 되었다. 종편의 정치 프로그램은 재미있는 정도를 넘어 중독성마저 있다. 습관적으로 종편을 틀고, 한 번 보기 시작하면 계속 봐야 하고, 채널을 돌리거나 끄는 데는 용기가 필요하다.

이러한 종편이 정치의 선정성과 오락화를 부추겼다는 평가도 있고, 인간미와 매력이 풍기는 정치풍토를 조성하는 데 기여했다는 사람도 있다. 어찌되었건 이제 대한민국 TV에는 종편 뉴스 아니면 드라마뿐이라고 해도 과언이 아니겠다. '종편'이란 '종합편성 채널'의 약어다. '종합'이란 뉴스와 보도뿐만 아니라 오락, 드라마, 교양 등 모든 분야의 프로그램을 편성할 수 있다는 뜻이다. 하지만 지금의 종편은 '뉴스 집중편성채널'이라고 해도 무리가 아닐 듯싶다.

종편이 하루 종일 정치 이야기만 하는 것을 두고 종편만 탓할 수 없다. 종편이 정치 토크를 집중 편성하는 것은 제작비가 싸게 먹히기 때문이기도 하지만 많은 시청자들이 정치 이야기에 솔깃하기 때문이다.

　우리 국민들은 둘만 모이면 정치 이야기를 한다. 술자리에서도 하고, 식사하면서도 하고, 택시를 타도 정치 이야기다. 우리 국민들은 정치 지향적 DNA를 가지고 있는 듯하다. 우리 사회는 정치 과잉political excess이다.

　조선시대 때 우리 조상들이 죽기 살기로 당파싸움을 한 것을 가지고 오늘날 한국민의 핏속에 정치 지향성이 숨어 있다고도 한다. 몇백 년 전 조상들 이야기를 가지고 오늘날 그대로 적용하는 것이 얼마나 타당한지는 판단하기 힘들다. 정치가 우리 국민성에 적합하다는 해석도 있다. 한국인들은 남에게 으스대고 싶어 하는 성향이 많다. 외부로 자신의 존재감을 드러내고 싶어 한다. 겉치레를 좋아하고 남에게 인정받고 싶어 한다.

　일본과 비교해 보면 우리 국민성을 잘 알 수 있다. 일본 국민들은 주어진 일과 맡은 바 직무에 열심이다. 조직에서 튀려 하지 않고 자신의 분수를 중시한다. 전체의 분위기에 순응하지 않으면 이지메왕따 당하기 일쑤다.

　한국 사람들은 야심이 많다. 전체를 휘어 잡아보겠다는 큰 꿈도 많이 가지고 있다. 우리 사회는 꿈과 야망이 많은 사람을 높이 평가한다. 하지만 일본인들은 함께 더불어 살아가는 집단화된 삶을 좋아한다. 우리나라 사람들은 출세하고 싶어 하지만 일본인들은 출세보다는 맡은 바 직무에 평생을 바치고자 한다. 일본은 직업의 귀천이 없고, 할아버지, 아버지가 하던 장사를 아들과 손자가 물려받는 것을 당연시한다.

한국은 어느 분야에서 유명해졌다고 하면 정치권으로 진출하려고 한다. 공무원, 교수, 의사, 약사, 변호사, 바둑기사, 시민운동가에서부터 노동조합 간부, 시인에 이르기까지 조금 유명해지면 국회의원 배지를 달려고 한다. 비정부단체^{NGO} 출신이 정치권으로 진출하거나 고위공직자가 되는 경우를 종종 볼 수 있다. 시민단체는 본질적으로 비정부적^{NG: non—government}이어야 하는데 사실은 정부 지향적^{government—oriented}이다.

정치 과잉 현상을 모두가 걱정하면서도 세월이 흘러도 좀처럼 개선이 되지 않으니 정치 무관심과 정치 냉소주의로 연결된다. 과잉과 무관심이 공존하는 아이러니컬한 현상이 발생하고 있다. 정치 과잉의 1차적 피해자는 행정부 공무원이며 궁극적으로는 모든 국민이 피해자가 된다.

공직자들은 정치 과잉 사회에서 행정을 해야 하는 것이 숙명이다. 여의도를 쳐다보고 청와대를 쳐다보고 일해야 하는 현실이다. 정치의 파워를 온몸으로 느낀 공직자들은 공직을 발판으로 정계로 진출하여 또다시 야망을 펼쳐 보려는 경우도 없지 않다. 모든 공직자들이여, 당신도 정치인이 될 수 있다. 우리들에는 정치적 DNA가 잠재하고 있기 때문이다.

세종시, 공무원들에게 좌절감을 안겨준 정치적 결정

수염을 기르려면 공무원이 아니라 예술가가 되어라

우리는 'A4왕국'의 신민(臣民)들이다

흡연자의 입에서는 하수구 냄새가 난다

운동 부족이 당신을
녹슬게 한다

공무원 여러분, 부자 되세요

생활인으로서의 공무원

Part 5

세종시, 공무원들에게
좌절감을 안겨준 정치적 결정

중앙행정기관의 청사 위치는 다음과 같다.

– 정부 서울청사: 통일부 등 5개 기관

– 정부 세종청사: 기재부 등 21개 기관

– 정부 과천청사: 법무부 등 9개 기관

– 정부 대전청사: 병무청 등 11개 기관

– 독립청사: 국방부^{용산}, 국가정보원^{내곡동} 등

세종시 인구는 2012년 11만 명에서 2017년 말 28만 4,353천 명으로 늘어났다. 1989년부터 육·해·공군본부가 충남 계룡대로 이전한 지 대략 30년이 지난 지금의 계룡시 인구^{4만 2,600명}와 비교해 보면 세종시의 인구 성장이 얼마나 급속하였는지를 짐작할 수 있다.

세종시는 2012년 특별자치시로 출범하였다. 그때부터 2017년까지 6년간 대전에서 세종시로 이사^{전출} 간 사람은 7만 2,460명이다.

대전시 인구는 2016년도에만 2만 6,000여 명이 줄었다. 2012년부터 2017년까지 증가한 세종시 인구 17만 7,195명의 전 주소지를 보면 대전과 충남·충북 출신이 10만 9,015명으로 전체의 62%를 차지하였다. 같은 기간 중 수도권에서 세종시로 옮겨간 인구는 4만 5,800명[26%]이었다.

세종시의 급격한 인구 증가는 대전, 충남 등 주변 지역의 인구를 빨아들인 덕분이다. 세종시는 과밀화된 수도권의 기능 분산으로 국가 균형발전을 도모하기보다는 주변 충청권 인구를 빨아들이는 블랙홀이다. 세종시는 충청권 균형발전을 도모하고 있다. 아니 충청권의 희생으로 성장하고 있다고 하여도 과언이 아니다. 대전시는 세종시로의 인구 유출을 위기로 생각한다. 2017년 말 대전시 인구는 150만 2,227명으로서 150만 선이 무너지는 것은 시간문제다.

전국 5대 광역시 중에서 2010년 이후 아파트 값이 유일하게 급등하지 않은 곳이 대전이다. 지난 2년 간 충북 청주, 충남 공주의 아파트 시장은 하락세를 지속하고 있다. 이유는 세종시 아파트 때문이다. 세종시의 아파트 입주 물량은 2017년 1만 3,910가구, 2018년은 1만 2,060가구다. 이러한 세종시 아파트 쓰나미 덕분에 대전시 아파트 값은 거의 오르지 못하고 있다. 세종시가 인구 50만을 목표로 계속 외형적 성장을 추구한다면 대전과 충청권 아파트 시세는 약세를 면치 못할 것이다.

세종시에 가면 이해가 안 되는 점이 세 가지 있다. 첫째, 정부 청사는 저층인데 주변 아파트는 고층이다. 오피스 빌딩은 네모난 고층으로 지으면 공간 활용의 극대화, 동선 단축, 업무 효율화에 도움

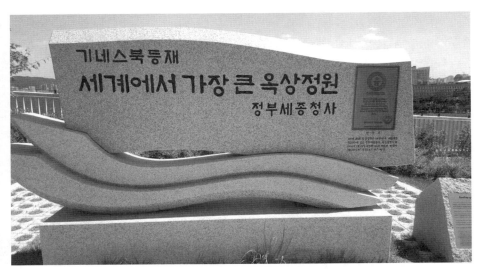

세종청사 1동에서부터 15동까지의 옥상에 조성된 옥상정원은 '세계에서 가장 규모가 큰 옥상정원'으로 2016년 5월 25일 기네스북에 등재되었다. 사진은 이를 기념하기 위해 2016년 10월 17일 옥상정원에 설치된 기념표지석이다. 세종청사의 비효율을 역설적으로 말해주고 있다.

이 되겠건만 정부세종청사는 그 반대다. 청사 내부에 들어가 보면 곡선형 설계로 인해 내부공간의 비효율성을 곳곳에서 볼 수 있다. 청사 외부를 보면 뱀 모양의 기다란 곡선형 저층4~8층 건물이 이어진 형상이다. 1동에서 15동까지 건물 길이는 3.6Km에 달한다. 걸어가는 데만 1시간 가까이 걸린다.

하나로 이어진 건물이지만 차량으로 이동하는 편이 빠르기도 하다.

세종청사 옥상에는 정원이 조성되어 있다. 길이 3.6Km, 면적 79,194㎡로 축구장 11배 규모다. 이 정원은 지난 2016년 5월 '세계에서 가장 규모가 큰 옥상정원'으로 기네스북에 등재되었다. 기네스북에 올랐다는 것은 역설적으로 세종청사의 비효율을 말해주고 있다.

정부세종청사가 세계에서 가장 긴 건축물로 기네스북에 등재를 노렸으나 만리장성이 이미 등재되어 있어 가능하지 못했다는 이야기도 있다.

세종시 아파트는 서울과 마찬가지로 고층$^{20～30층}$이 대부분이다. 청사 인근 아파트는 청사를 내려다보고 있다. 지방 신도시라면 10층 이하의 저층 아파트로 건설할 법도 한데 서울의 고층 아파트 모습을 그대로 옮겨 놓은 듯하다. 우리 국민들의 고층 아파트에 대한 무한 사랑이 세종시에서도 예외가 아니다. 정부 청사와 주변 아파트의 외부 디자인과 건물 높이를 서로 바꾸었으면 좋았겠다는 생각이다.

둘째, KTX 오송역과 세종시가 너무 떨어져 있다. 택시 타면 16,000원 정도 요금이 나온다. 얼마 전에 내렸다는 것이 이 정도다. 신도시를 건설할 때 대중교통 수단 특히 철도역을 중심에 만들 법도 한데 세종시는 그러지 않았다. 서울과의 교통이 너무 편리하면 안 된다고 생각했기 때문이다. 이제 와서 KTX 세종역을 신설하자는 이야기가 나오는데 충북에서는 반대하는 목소리도 많다. 세종역 신설에 대해 '정신 나간 이야기'라고 하는 사람도 있다. 2017년 5월 대통령 선거를 앞두고 세종역 신설에 반대하지 않는 대선 후보에 대해서는 낙선운동을 펼치겠다고 한 지역 여론도 있었다. 대한민국에서 기차역 만들겠다는 것에 반대하는 경우는 세종시뿐일 것이다.

셋째, 세종청사와 세종시는 주차난으로 골치를 앓고 있다. 정부 세종청사에는 지하 주차장이 없다. 지은 지 얼마 안 되는 첨단 건물에 제대로 된 지하 주차장이 없다니? 땅값 싼 지방 신도시에 주차난이라니? 사연인즉슨, 환경친화적인 도시로 건설하려고 대중교통 중심으로 도시를 설계하다 보니 이렇게 되었다. 대중교통이 제대로 갖추어질 때까지 불편함을 참아야 하고, 그때가 되더라도 얼마나 도움이 될지 의문스럽다.

대선을 앞둔 2017년 봄, 충청과 세종시 일각에서는 차기 정부^{지금의 문재인 정부}에서 세종시를 실질적인 행정수도로 만들어야 한다고 주장하기도 했다. 행정수도 앞에 '실질적인'이란 단어를 붙인 것은 헌법 위반을 피하기 위한 의도로 보인다. 앞으로 개헌을 할 때 '세종시=대한민국 수도'로 명시해야 한다는 주장도 있다.

그렇다면 수도^{首都, capital}의 개념은 무엇일까? 2004년 10월 21일 신행정수도특별법에 대한 헌법재판소의 위헌판결을 살펴보자. 이범준이 『헌법재판소, 한국현대사를 말하다』에서 잘 정리해 놓은 것을 옮겨 보았다.[22]

헌재의 위헌판결은 5단계로 이뤄진다. 1단계, 수도란 무엇인가. 적어도 국회와 청와대가 있어 정치와 행정의 중추적 기능을 수행하는 곳이다. 정보통신기술의 발전 등으로 정부기구가 한 곳에만 소재할 필요는 없다.

2단계, 신행정도시가 수도 이전인가. 어떤 기구들이 이전할 것인지 특별법이 확정하고 있지는 않다. 하지만 정치·행정의 중추기능을 가지는 도시라고 명백히 하고 있다. 수도 이전이다.

3단계. 수도가 서울인 점이 관습헌법인가. 600년간 당연히 생각되어 계속성, 이런 관행이 중간에 깨어진 일이 없는 항상성, 다른 견해를 가진 사람이 없는 명료성, 국민들의 동의와 승인이 있는 합의성까지 4가지를 모두 충족한다. 관습헌법이다.

4단계, 관습헌법은 어떻게 개정하는가. 관습헌법 요건인 합의성이 깨지거나 성문헌법 개정 절차를 거쳐서 개정되는 것이다.

5단계, 특별법에 의한 수도 이전은 위헌인가. 관습헌법의 합의성은 깨지지 않았는데, 성문헌법 개정절차도 거치지 않았으니 위헌이다.

이 판결은 수도의 개념을 "적어도 국회와 청와대가 있어 정치와 행정의 중추적 기능을 수행하는 곳"이라고 정의하고 있다. 즉, 대통령과 국회가 있어야 수도라는 것이다. 사법부는 사후견제기능이어서 수도 개념에 해당이 없다는 것이 세계적으로 보편된 생각이라고 이 판결은 말하고 있다. 참고로 독일의 경우 연방대법원과 연방헌법재판소는 수도 베를린이 아닌 카를스루에Karlsruhe에 있다.

서울보다 세종시에 있는 중앙행정기관이 훨씬 많다. 그래도 세종시는 수도가 될 수 없다. 국방부를 포함한 서울소재 중앙행정기관들이 모두 세종시로 이전해도 세종시는 수도가 될 수 없다. 세종시에 임시 청와대를 만들어도, 국회가 세종시에 분원을 만들어도 세종시는 수도가 될 수 없다. 헌법을 개정하여 세종시를 수도로 명시한 후 국회와 청와대를 이전해야 비로소 세종시는 대한민국의 수도가 될 수 있다.

사람에 따라 지금의 세종시를 행정부처 이전relocation of government offices, 정부분할division of government, 수도분할division of capital 등으로 표현하기도 한다. 이석연 변호사는 지금의 세종시를 '수도분할'이라고 하면서 수도 이전이 위헌이면 수도분할도 위헌이라고 주장한 바 있다.

지난 2004년 행정수도 이전이 위헌 판결을 받지 않았다면, 그래서 세종시가 우리나라의 수도가 되었다면 지금쯤 청와대 주변은 어떻게 되었을까? 대통령의 서울 임시 거소가 되었을까? 아마 경복궁과 연결된 공원이 되었을 것이고 청와대 뒷길로 북악산 등산도 가능했을 것이다. 왜 이렇게 생각하느냐고? 노무현 대통령이 비슷한 이야기를 했기 때문이다. 다음은 2002년 9월 30일 민주당 선거대책위원회 출범식에서 노무현 대통령 후보의 말이다.

"충청권에 행정수도를 건설해서 청와대와 중앙부처를 옮기도록 하겠습니다. (…) 특히 청와대 일원과 북악산 일대를 서울 시민에게 돌려줌으로써 서울 강북 지역의 발전에 새 전기를 마련하겠습니다."

세종청사에는 1급 공무원은 세종시에 하루, 2급은 이틀, 3급은 3일, 5급 사무관은 5일 근무한다는 말도 있다. 직급이 높을수록 서울 출장으로 세종청사 사무실을 비우는 일이 많다는 비아냥이다. 정부 세종청사와 대전청사에 근무하는 공무원들의 경우 국회 업무에 허비하는 시간이 너무 많다. 정치는 서울에 있고 행정은 세종시에 있다. 이러한 비효율을 개선하기 위해 세종시에 국회 분원을 지으려는 움직임이 있다. 2018년 국회 사무처 예산에 '국회 분원 건립비' 2억 원이 반영되었다. 이는 분원의 규모, 조직, 인원, 시기, 장소 등에 대한 구체적인 방안을 수립하는 데 사용될 것이다.

서울 여의도에 엄청난 규모의 국회 시설을 두고서 세종시에 분원을 만든다는 것에 대한 중복 투자 문제는 논외로 하자. 앞으로 세종시를 행정수도로 만들려는 장기적 포석의 일환이라는 설도 논외로 하자. 국회의 세종시 분원이 세금낭비 없이 제대로 활용될 수 있는지 살펴보자. 세종시에 국회 분원을 만든 후 세종·대전청사에 위치한 중앙부처와 관련된 국회 회의는 반드시 국회분원에서 실시하도록 해야 한다. 국회가 이러저러한 핑계로 분원을 놓아두고 여의도 국회의사당에서 회의하는 일은 없기를 기대한다. 지금 생각으로서는 당연히 그렇게 하겠지만 만약 그렇게 하지 않는다면 이를 강제하도록 국회법에 명시하는 방안은 어떨까. 국회법에 명시할 사안도 아니겠지만 명시하더라도 지키지 않으면 그만이다.

국회 업무와 관련하여 행정부 공무원들이 시간을 많이 빼앗기는 것은 국회의 공식 회의라기보다는 여러 가지 형태의 비공식적인 업무협조다. 공식회의보다 비공식 협의가 더 많다. 따라서 이것도 세종시 국회 분원에서 실시하도록 의무화하지 않으면 국회 분원은 위원회 회의 때만 반짝 사용하는 썰렁한 건물이 될 것이다. 국회분원은 누구를 위한 것이어야 할까? 국회가 아니라 세종시 공무원의 업무 효율성을 위한 것이어야 한다. 국회의 업무 효율성을 위한다면 분원은 안 만드는 것이 타당하다. 따라서 분원설립 이후엔 국회의원이나 의원 보좌관이 세종청사 공무원을 수시로 여의도 의원회관에서 만나자고 하는 행태를 금지해야 한다. 이것까지도 국회법에 명시하여 의무화하는 것을 고려할 수도 있겠지만 지금도 국회는 국회법의 여러 조항을 지키지 않는 점이 생각난다.

세종시는 세종청사에 근무하는 공직자들의 삶을 송두리째 흔들어 놓았다. 잦은 서울 출장으로 인한 업무 비능률과 육체적인 피로감, 섬처럼 떨어져 다양한 사람을 만나지 못한다는 고립감은 널리 알려진 것이다. 세종청사의 중견 공직자들은 어쩔 수 없이 이산가족이 되어 기러기 가장이 되었고, 젊은 공무원들은 서울에서 자녀들을 교육시키고 싶은 희망이 있더라도 이를 실천하기엔 감당해야 할 비용이 너무 많아서 엄두를 내지 못한다. 젊은 처녀 총각들은 배우자를 고르는 데 어려움을 겪고 있다. 서울에 근무하는 경우보다는 배우자 선택의 폭이 크게 줄어들었다. 장거리 연애를 하다 애인과 헤어진 경우도 많다. 기혼이든 미혼이든 혼자 세종시에 떨어져 살면서 주말마다 서울을 오가는 공무원들의 '퇴근 후 나홀로 삶'을 생각해 보면 한숨이 나온다. 맞벌이 부부는 더 벌이가 나은 쪽으로 이동하고 싶어도 수도권이든 지방이든 직장을 옮긴다는 게 쉬운 일이 아니다.

이것이 누적되어 공무원으로서의 자긍심은 저 멀리 달아난 지 오래고, 자괴감마저 쌓여 가고 있다. 공무원이 세종시로 발령받으면 서울-세종 간을 오가는 데 인생의 10%를 허비할 각오를 해야 한다. 일주일에도 몇 번씩 KTX를 타고 서울을 오락가락하면 '이게 뭐하는 짓인가'라는 탄식이 저절로 나온다. 세종시가 수도가 되어도 이러한 현상은 쉽게 사라지지 않을 것이다. 정부청사 홍보물은 '정부세종청사는 국가경쟁력을 선도하는 청사'라고 자랑하고 있지만 얼른 공감이 가지 않는다. 오히려 그 반대가 타당할 듯 싶다. '서울 빼곤 모두 지방, 서울만 대한민국인가'라는 쓴소리도 있다는 것을 잘 알지만 세종청사 공무원들의 애환은 엄연한 현실이다.

공무원 탐구생활

수염을 기르려면 공무원이 아니라 예술가가 되어라

아침마다 여성들은 화장을 하고 남성들은 수염을 깎는다. 남성들이 매일 아침 가장 정성 들여 하는 것은 면도다. 남성의 하루 일과는 면도로 시작한다. 오늘날 남성이 수염을 깎는 것은 야성의 이미지를 벗고 사회 규범에 순응하겠다는 개인적인 사회 입문식이다. 현대 사회에서 남성의 면도한 얼굴은 사회적 질서를 존중하고 조직의 논리에 충실하겠다는 서약이다. 이러한 수염 제거 행위는 매일 해야 한다. 인류는 털 없는 유인원이지만 신체 여기저기에 잔털이 많다. 인체 여러 부위의 털 중에서 매일 제거 행위를 당하는 것은 수염뿐이다. 사회와의 관계를 맺어보겠다는 다짐으로서의 면도는 하루라도 소홀히 할 수 없다.

머리를 깎는 것삭발은 사회와의 인연을 끊고 속세를 떠난다는 개인적 다짐이자 종교 의식이다. 삭발식은 일생에 한 번 한다. 출가를 여러 번 한다는 것은 논리적으로 모순이다. 속세를 떠났는데 또

떠나는 의식을 할 수 없다. 스님의 삭발한 모습은 종교적 교리에 충실한 삶을 살아가고 있다는 서약이다. 하지만 면도는 매일매일 해야 하고 속세의 논리에 충실하겠다는 공인인증서다.

　우리 사회는 수염 기른 남자에 대해서는 편견을 가지고 있다. 수염 기른 남성은 자유로운 삶을 추구하려는 야성적인 남성으로 이해된다. 작가, 영화감독, 배우 등 예술가들이나 자유직업을 가진 남성들 중에서 수염 기른 경우를 많이 볼 수 있다. 하지만 대규모 조직에서 근무하는 직장인치고 수염 기른 남성을 찾아보기 힘들다. 수염을 기른 남성은 조직의 구성원이 되기 힘들고 책임 있는 위치까지 올라갈 수 없다. 이는 남성의 수염에 비교적 관대한 미국이나 유럽의 경우도 크게 다르지 않다.

　김정훈은 『남자의 물건』21세기 북스, 2012, 301~302쪽에서 이렇게 말했다. "타인의 눈길을 두려워하는 한국 남자들의 심리가 가장 분명하게 드러나는 것은 수염이다. 한국 사회의 진정한 민주화는 한국 남자들이 제멋대로 수염을 기를 때 이뤄진다."

　2011년 가을 박원순 씨가 백두대간 종주 중에 서울시장 후보자로 부상하였다. 종주 등산을 중단하고 기자들에게 처음 모습을 드러낸 박원순 씨의 얼굴은 수염으로 가득하였다. 하지만 그는 바로 면도를 했다. 수염 긴 모습으로 서울시장 선거에 나설 수 없었기 때문이다. 우리나라 정치인들 중에서는 수염 기른 사람을 찾아볼 수 없다. 당시 박원순 씨는 면도를 함으로써 야성의 자유로운 영혼에서 사회적 질서를 존중하겠다는 모습을 보여주었다.

속세를 떠날 생각이 없는 필자로서는 삭발 행위를 경험한 바 없다. 30여 년간 공직생활을 하면서 매일 아침 가장 정성 들여 한 것이 면도다. 퇴직하고 백수가 되어서도 매일 아침 면도를 한다. 공직은 떠났지만 사회적 규범의 틀 속에서 살아가겠다는 마음 속 생각이 면도를 계속 하게 한다. 면도는 학교를 졸업하고 성인이 되어 사회생활을 시작하면서부터, 그리고 백수가 된 후에도 계속하고 있는 평생의 습관이다.

필자가 아주 어렸을 때 아버지가 면도하는 것을 지켜보곤 했다. 아버지의 아침 면도는 신중한 의식 행위와 비슷했다. 그 행위는 대략 이러했다. 요즘은 오래된 이발소에서나 볼 수 있는, 어른 한 뼘 길이의 일자형 면도칼을 꺼낸다. 웬만한 과도보다도 더 길고 날카롭다. 이것을 혁대같이 생긴 긴 가죽에 앞뒤로 문지른다. 면도날을 날카롭게 세우려는 것이다. 세숫대야에 더운물을 준비해 놓고 면도할 부위에 더운물을 바른다. 이어서 멧돼지 털로 만든 면도솔로 비누를 마구 비벼서 거품을 낸다. 하얀 거품이 풍성해지면 얼굴 가득히 바른 후, 면도칼로 거품과 수염을 조심스럽게 밀어낸다. 면도칼이 지나간 자리에는 거품과 수염이 사라지고 맨살이 드러난다. 면도칼을 물에 행군 후에 이 행위를 반복한다. 가끔씩 얼굴에 피가 나기도 했다. 면도 후 피나는 자리에는 부드러운 종이를 동전 크기만 하게 찢어 붙여서 지혈을 한다.

한 세대가 지난 필자는 아버지 세대처럼 면도하지 않는다. 먼저 세면대 수도꼭지만 틀면 더운물이 콸콸 나온다. 외제 쉐이빙 젤을

꾹 짜서 얼굴에 바르면 순식간에 거품이 생겨난다. '국산 쉐이빙 젤은 왜 없을까?'라는 생각을 하기도 한다. 돼지털 면도솔도 비누도 필요 없다. 이어서 면도날을 들고 부드럽게 거품을 제거하기 시작한다. 먼저 수염 결대로 움직였다가 반대 방향으로 미는 행동을 조심스럽게 연속한다.

면도날은 가로 4cm, 세로 1cm 크기로 조그마하지만 5중 날5 blades이다. 첫 번째 면도날은 털을 자르는 기능을 하지 않고 수염을 피부에서 들어 올리는 역할을 한다. 이어지는 면도날이 점차 피부에 밀착되면서 수염을 제거한다. 5중이어서 많이 반복할 필요도 없다. 자극 없이 많은 수염들이 깔끔하게 사라진다. 이어서 찬물로 면도한 부위를 충분히 헹구어 모공을 닫고 스킨으로 성난 피부를 진정시킨다. 면도날이 무뎌지면 한 번 동작으로 간단히 면도날만 교체한다. 수동식 면도기뿐만 아니라 강력한 모터가 장착된 전기 면도기도 있다. 하지만 이것은 수동식 면도기를 보완하는 예비군일 뿐이다.

수염의 강도는 같은 굵기의 구리선과 같다. 면도의 과정은 위험하므로 조심스럽게 진행해야 한다. 하지만 첨단 제품 덕분에 필자는 아버지 세대와는 전혀 다르게 수염 제거 행위를 안전하고 편리하게 하고 있다. 면도 제품의 눈부신 발전으로 오늘날 남성들은 매일 아침, 상처받는 불편함에서 벗어나게 되었다.

이 땅의 남성 공직자들은 직위고하를 막론하고 아침마다 깔끔히 면도한 모습으로 사무실에 출근해야 한다. 그렇지 않으면 주위로부터 자유로운 영혼을 가진 사람으로 찍힐 가능성이 많다. 수염을 덥수룩하게 기르고 싶다면 공직을 떠나 예술가나 노숙자가 되는 것이 좋다.

　다음은 김지룡의『사물의 민낯』내용 중 일부다.[23]
　현대식 남성 면도날에 대한 찬사다. 남성들이라면 이 글을 읽고서 작은 면도기 속에 숨어 있는 첨단과학을 고맙게 생각하는 마음이 저절로 들 것이다.

　"인간의 역사는 '털과의 투쟁'의 역사다." 1762년이 되어서야 안전하게 면도를 하기 위한 초석이 마련되었다. 프랑스의 장인이었던 자크 페레가 안전면도기의 초석이 될 보호막을 개발한 것이다. 면도를 하는 동안 피부를 보호할 수 있도록 칼날 주변에 나무 슬라브를 부착한 단순한 장치였지만 면도의 역사에서는 혁명과도 같은 일이었다. (…)
　이후 면도기에 대한 아이디어는 점점 발전해 1880년 독일인 캄페 형제에 의한 스타(star) 면도기가 나타나게 되었다. 그 전까지의 면도기가 수직의 칼날 모양을 하고 있었다면 스타 면도기는 현대적인 모습을 하고 있어서 '팽이형 면도기'라고 불렀다. (…)
　지금은 익숙한 이름인 질레트사의 창업자이던 질레트는 스타 면도기의 팬이었다. 당시 스타 면도기는 꽤나 고가였지만 시간이 지남에 따라 칼날이 무뎌져 자꾸 베이게 되는 단점이 있었다. 질레트는 자신이 애용하던 스타 면도기를 어떻게 개선할 수 있을지 고민하게 된다.
　칼날을 갈아서 재사용하던 기존의 방식은 번거롭고 비용도 많이 들었기에 많은 사람들은 상처를 감수하며 오래도록 면도기를 사용하고는 했기 때문이다. 본인과 주변인들의 불편함을 보던 질레트는 하나의 아이디어를 낸다. 손잡이 말고 칼날만 바꿀 수 있다면 어떨까?
　그렇다. 세계 면도기 시장의 점유율 70%가 넘는 대기업의 탄생은 이런 단순

한 발상의 전환에서 이루어진 것이다. 면도날이 닳으면 교체할 수 있는 탈착형 면도기로 질레트는 어마어마한 돈을 벌었고 전 세계 남자들도 면도를 하면서 유혈사태를 좀 덜 겪을 수 있었다. 단순히 면도의 고통을 줄여주는 것뿐만 아니라 주기적인 칼날 교체로 파상풍이나 면도 독의 위험을 줄여준 것도 획기적이었다. 이것이야말로 인류에게 내려진 축복 아닐까?

우리는 'A4왕국'의
신민臣民들이다

일본 도요타 자동차에는 다음과 같은 이야기가 있다.[24]

아주 먼 훗날, 세상이 사라지고 도요타 본사가 있던 곳도 흔적만 남게 되었다. 이후 외계인들이 찾아와 땅을 파 보고는 이렇게 추정한다. "이곳엔 종이와 관계된 회사가 있었을 거야."

컴퓨터와 프린터 보급이 확산되면서 '종이 없는 사무실paperless office' 이 등장할 것이라는 이야기가 한때 있었다. 이러한 추정은 완전히 빗나갔다. 오히려 우리들은 종이를 더 많이 사용하고 있다. 그것도 A4 용지만을. 우리 주위에는 온통 A4 용지뿐이라고 해도 과언이 아니다. 컴퓨터 앞에 앉아 하루 종일 서류작업을 하는 화이트컬러들은 A4 용지 없이는 살아갈 수 없다.

정부에서 구매하는 복사지의 95퍼센트가 A4 용지다국방부 통계 참조.

금액 기준. 나머지 5퍼센트는 B4, A3, B5 용지 등이 차지하고 있다. 미국에서는 A4뿐만 아니라 Letter Size 등 다른 규격의 용지도 함께 사용되고 있지만 우리나라에서는 일편단심 A4 용지만 사용하고 있다. A4에 대한 사랑이라고 해야 할까, 집착이라고 해야 할까. 어쩌면 우리들은 'A4 왕국王國의 신민臣民'일지도 모르겠다.

지금으로부터 약 20여 년 전 필자가 실무자였을 때 A4는 귀한 종이였다. 충분히 보급되지 않았기 때문에 A4 용지가 들어오는 날이면 몇 묶음씩 미리 챙겨서 개인 서랍에 넣어 두기도 했다. 국방부 본부에서도 귀했으니 야전부대에서는 더욱 귀했다. 업무 협조차 국방부에 출장 왔던 야전부대 장교들이 복귀할 때 A4 용지를 얻어가기도 했다. 하지만 이제 모든 사무실에서 무한정(?) 보급되다 보니 A4가 귀한 줄 모르고 살아가고 있다.

"아빠~ 또 프린터에 이면지 넣었구나? 제발 이면지 쓰지 마~ 종잇값 얼마 한다고 그래?"

필자는 우리 집 프린터에 이면지를 넣어 사용하고 있는데, 가끔씩 가족들로부터 지적받곤 한다. 출력 때 종이가 걸리는 불편이 있지만 필자 또래 세대는 이면지를 활용해야 한다는 고정관념을 쉽게 버리지 못한다. A4 용지만 놓고서도 젊은 세대와 세대차를 느끼게 된다. 참고로 A4 한 장의 가격은 제품마다 다르지만 대략 6~10원 정도다.

고 정주영 현대그룹 회장님이 살았을 때 이야기다. 그는 직원들에게 이면지 활용을 지시하였다. 현대그룹에서 회장님의 지시는 정부에서 대통령 지시만큼이나 무게가 있었다. 회장님은 결재하면서 이면지 사용 여부를 확인하곤 했다. 어느 날 회장님은 이상한 점을 발견했다. 똑같은 내용의 이면지가 여러 장씩 연속으로 보이는 것이었다. 회장님은 비서를 불러 조용히 알아볼 것을 지시했다. 며칠 후 비서가 보고했다.

"직원들이 일부러 복사하여 이면지를 만들어 사용하고 있습니다."

대규모 조직에서 일방적 지시가 가져오는 부작용이라고 하겠다. 모든 것이 부족한 시절을 살아온 회장님과 부족한 것 없이 성장한 젊은 직원들과의 세대차 때문이기도 하다.

한 번 출력한 A4 용지를 4등분하면 A5 크기의 훌륭한 메모지가 된다. A계열 종이는 절반을 접어도 가로:세로 비율이 $1:\sqrt{2}$로서 항상 일정하다. 많은 규격의 용지 중에서 접어도 접어도 비율이 변하지 않는 것은 A 계열 용지밖에 없다. A0 용지를 정확히 반으로 한 번 접으면 A1이 되고, 이를 또 접으면 A2가 된다. 계속 접으면 A3, A4, A5… 가 된다. 하지만 가로:세로 비율은 항상 1대1.41414로 일정하다. 이는 중학교 때 배운 이차방정식으로 간단히 증명할 수 있다.

다시 종이 없는 사무실 이야기로 돌아가자. 미 해군 Joseph Metcalf 제독은 이렇게 말했다. "우리가 타고 있는 프리킷 함에는 23.5톤의 교범과 서류가 실려 있어 배가 10cm 더 가라앉고 속도를 낼 수 없다. 나는 마음이 착잡하다. 우리가 적을 향해 쏘는 것은 함포艦砲지 서류가 아니지 않나."

지금 관공서에서는 엄청난 양의 A4 용지를 소비하면서 많은 보고서를 생산하고 있다. 2014년 초 우리 해군은 'Paperless를 통한 일하는 문화 개선'을 추진한 바 있다. 종이 사용을 줄여서 쓸데없는 일을 하지 않고 보이지 않는 낭비를 줄여서 업무 효율성을 향상시키려는 취지였다. 당시 우리 해군이 진단하고 있는 보고와 회의상의 문제점은 다음과 같았다.

- 서면보고를 상급자에 대한 기본적인 예의로 생각하고 다른 보고 수단을 활용하지 않는다.
- 성과 평가에 업무보고 건수를 반영함으로써 보고서 건수 늘리기 경향이 있다.
- 회의 시 예상 질문에 대비하여 참고자료 작성에 많은 시간을 보내고 있다.
- 상급자의 애매한 지시로 의도 파악에 불필요한 노력을 낭비하는 사례가 있다.
- 전자행정을 위한 각종 시스템은 구축되어 있으나 종이로 출력하여 선 종이 보고, 후 전자 결재로 상신하는 사례가 있다.
- 종이 과다 사용으로 사무환경이 복잡하고 종이 구입 비용뿐만 아니라 프린터, 토너, 복사기, 스캐너, 세절기 등 추가적인 행정 비용 낭비가 연쇄적으로 발생하고 있다.

이러한 문제점을 개선하기 위해 해군은 다음과 같은 10대 실천과제를 만들기도 했다. 지금 공직사회에 시사하는 바가 있어 소개한다.

❶ 업무 지시는 육하원칙에 의해 명확하게 지시합니다.

❷ 단순 보고는 종이가 아닌 메모, 메일, 전화, 구두 문자를 활용
합니다.

❸ 전자결재 문서는 의견을 충실히 작성하고 출력물로 보고하지
않습니다.

❹ 회의 자료^{주간 상황 평가, 화상회의 등}는 출력하지 않고 메일로 보고합
니다.

❺ 회의 자료가 전시되는 회의에는 회의 자료를 가지고 가지 않
습니다.

❻ 예하부대와 회의 시 화상회의 체계를 적극 활용합니다.

❼ 법령, 규정, 지침, 주요 공문은 출력하지 않고 시스템을 활용
합니다.

❽ 메모보고, 참고자료, 태그는 출력하지 말고 자필로 작성합니다.

❾ 일정표는 메일로 전파하고 파티션 부착이나 출력하지 않습니다.

❿ 오늘의 뉴스^{신문 스크랩}는 출력하지 않고 컴퓨터 포털체계를 활
용합니다.

종이 사용을 줄이고 일하는 문화를 바꾸기 위한 처방과 노력이
돋보이는데 쉽게 바꿀 수 없는 것이 종이 문화다. 왜냐하면 우리는
「A4 왕국의 신민臣民」이니까. 다음은 안도현 시인의 「연탄 한 장」을
패러디한 것으로서 제목은 「A4 용지 한 장」이다.

또 다른 말도 많고 많지만

조직생활이란

나 아닌 그 누구에게

기꺼이 A4 용지 한 장 되는 것

방구들 선득선득해지는 날부터 이듬해 봄까지

좁은 사무실 공간에서 제일 아름다운 것은 A4 용지 실은 수레가

힘쓰며 엘리베이터를 오르는 거라네

해야 할 일이 무엇인가를 알고 있다는 듯이

A4 용지는, 일단 제 몸이 복사기에 들어갔다 하면

하염없이 뜨거워지는 것

매일 두꺼운 A4 용지를 복사기와 프린터에

퍼 넣으면서도 몰랐네

온몸으로 사랑하고 나면

한 장의 이면지로 쓸쓸하게 세절기에 들어가는 것이 두려워

여태껏 나는 그 누구에게 A4 용지 한 장 되지 못하였네

생각하면 조직생활이란

나를 산산이 으깨는 일

눈치 보며 세상을 조심스럽게 살아가는 어느 이른 아침에

나 아닌 그 누가 마음 놓고 걸어 갈

그 길을 만들 줄도 몰랐었네, 나는

흡연자의 입에서는
하수구 냄새가 난다

담배 피우지 않는 사람은 담배 피우는 사람이 다가오면 역겨운 냄새를 느낀다. 담배 피우지 않는 상사는 담배 피우는 직원이 가까이 다가와 보고하는 것을 싫어한다. 말하지 않고 참을 뿐이다. 애연가들은 양치질이나 가글 하고 상사에게 다가가는 것이 좋다. 이렇게 해도 담배 냄새를 완전히 제거할 수 없지만.

판문점에는 JSA^{공동경비구역, Joint Security Area}가 있다. 공공시설에도 JSA가 있다. 여기에서는 애연가들이 삼삼오오 모여 담배를 피운다. 이곳은 Joint Smoking Area 이른바 '공동흡연구역'이다.

다음은 김지룡의 『사물의 민낯』에 나오는 이야기다.[25]

한 인디언 소녀가 있었다. 불행하게도 너무나 추한 얼굴을 갖고 태어난 그녀는 일생 동안 단 한 번의 연애도 할 수 없었다. 마음은 누구보다 착하고 순수했지만 모든 남자들이 그녀를 보고 고개를 돌렸기 때문이다. 고슴도치도 자기 새끼는 귀엽다고 하는데 부모에게서도 사랑을 받지 못했다. 여자로서 남자의 사랑을 받을 수 없다면 살 가치가 없다고 생각한 그녀는 가엽게도 결국 자살을 선택한다. 그녀는 죽기 전 마지막 말을 남겼다.

"다음 생엔 세상의 모든 남자와 키스하고 싶어요."

그리고 그녀가 죽은 자리에 풀이 하나 돋아났는데 그것이 바로 '담배'라는 것이 인디언의 전설이다. 과연 그녀는 소원을 이룬 것 같다. 통계에 따르면 전 세계 흡연자는 무려 11억 명에 이른다. 성별로는 남성이 47%, 여성이 12%니 인디언 소녀는 본의 아니게 세상의 많은 여자와도 키스를 하게 된 셈.

몇 년 전 국방부 홈페이지에 다음과 같은 민원이 올라왔다.

군가 중 「행군의 아침」 2절에 "잠깐 쉴 때 담배 피우고~"라는 가사 내용이 군 생활 중 담배를 피우는 것이 당연한 것으로 오해될 수 있습니다. 담배를 피우지 않은 군인들도 이 군가를 자주 접하게 되면 담배를 피우고 싶은 충동이 일어날 수 있으므로 가사를 바꾸어 주세요.

예비군 훈련 때 비흡연자만 별도 훈련을 편성해 주기 바랍니다. 본인은 담배를 피우지 않기 때문에 흡연자들과 섞여 예비군 훈련을 받을 경우 담배 연기로 매우 고통스럽습니다.

세상에나~ 군가 가사에 '담배'라는 단어를 빼 달라, 그리고 담배 피우는 사람과는 예비군 훈련도 같이 못 받겠다는 민원이다. 담배에 대한 국민적 인식이 여기까지 왔다. 우리 군은 담배와의 전쟁에서 승리하고 있다. 각급 부대마다 다양한 금연 프로그램을 운영하고 있다. 금연생활관 지정, 찾아가는 금연 클리닉 운영, 금연 배지 달기, 금연 선서 운동, 1일 금연 상담사, 인기 걸그룹을 금연 홍보

대사로 위촉, 금연 메시지 전달, 금연 성공 토크쇼 등이 그것이다. 과거 훈련 중 '담배 일발 장전'이란 구호는 사라진 지 오래다. '담배 권하는 군대'에서 '담배 끊는 군대'로 바뀌었다. 아들 군대 보낸 부모들은 이러한 군의 금연 노력을 고맙게 생각한다.

다음은 2013년 7월 16일자 〈국방일보〉에 실린 박재갑 서울대 교수의 인터뷰 내용 중 일부이다. 박 교수는 금연 전도사로 유명하다.

전 국민이 담배를 끊는 데는 몇 가지 효과적인 방법이 있어요. 그중 하나가 군대입니다. 대한민국의 신체 건강한 남성들은 누구나 군대를 갑니다. 군 전체가 금연을 한다면 대한민국이 짧은 시간에 발전할 수 있었던 것처럼 전 국민이 짧은 시간 안에 담배를 끊을 수 있을 것입니다. (…) 군이, 우리 국민을 가장 많이 죽이는 담배를 못 피우게 하는 것은 국민의 생명을 지켜야 하는 군의 기본 임무에도 부합합니다. (…) 군이 전면 금연을 선언하고 군에 가면 담배를 끊을 수 있다는 인식이 확산되면 부모들이 자식을 군에 서로 보내려고 할 것입니다.

유명인사로서 애연가인 경우는 『나의 문화유산 답사기』로 유명한 유홍준 교수를 들 수 있다. 하지만 그는 45년 동안 피우던 담배를 2015년 1월에 딱 끊었다. 그리고 그 사연을 2015년 1월 22일자 〈한겨레 신문〉에 올렸다. 명문장이므로 인터넷에 들어가 전문을 읽어보기를 권한다. 검색창에서 "유홍준 교수가 45년 피운 담배를 끊은 이유는?"이라고 치면 된다. 다음은 이 글 내용 중 일부이다.

(담배를) 이렇게 좋아하면서도 내가 담배를 끊은 이유는 담뱃값이 올라서도 아니고, 건강이 나빠져서도 아니다. 세상이 담배 피우는 사람을 미개인 보듯 하고, 공공의 유해사범으로 모는 것이 기분 나쁘고, 집에서도 밖에서도 길에서

도 담배 피울 곳이 없어 쓰레기통 옆이나 독가스실 같은 흡연실에서 피우고 있자니 처량하고 치사해서 끊은 것이다. (중략)

노무현 대통령은 엄청난 골초이셨다. 식사를 하고 나면 담배를 연거푸 두 대를 피우는 것이었다. 가만히 보니 대통령은 타르가 1.0mg인 '에세'를 피우는 것이었다. 그래서 내가 5.0mg인 클라우드 나인을 한번 피워 보시라고 권했더니 맛있다며 묻는 것이었다.

"이게 어디 제입니까?" "국산입니다." "클라우드 나인이 무슨 뜻입니까?" "속어로 뿅 갔다는 뜻이라고 합니다." "그런 단어를 써도 됩니까?" "외국에도 수출하다 보니 자극적인 이름이 필요했나 봅니다."

고 김대중 대통령도 한때 골초였다. 다음은 김대중 대통령의 자서전 『다시, 새로운 시작을 위하여』에서 옮겨 왔다.

나는 젊었을 때부터 담배를 무척 즐겼습니다. 하루에 세 갑 정도 피웠고 나중에는 파이프로 줄담배를 피웠습니다. 그 때문에 내 방은 담배 냄새가 진하게 배어 사람들이 들어오기 싫어할 정도가 되었습니다. 그때만 해도 담배를 피우지 말아야겠다는 생각을 해 본 적이 없었기 때문에 담배를 끊을 가능성은 전혀 없었습니다.

다만 빈번히 출입하고 있었던 감옥에서만은 타의에 의해서 끊을 수밖에 없었습니다. 1980년 7.17 쿠데타로 감옥에 잡혀 들어가 있을 때도 자연히 담배를 끊게 되었습니다. (…) 하지만 금연이 내 의지와는 상관이 없는 것이었기 때문에 감옥에서 나와 미국으로 강제 출국당하면서 다시 담배를 입에 물게 된 것은 당연한 일이었습니다. (…)

미국에 가서 변화된 흡연문화를 접했습니다.(…) (미국에서는) 마치 담배 피우는 사람은 야만인이라도 된다는 식이었습니다. 나는, 이렇게 야만인 취급을 받아가며 굳이 담배를 피워야 하는가를 자문해 보았습니다. (…) 그러나 (금연은) 쉽지 않았습니다.

그러나 나는 결국, 담배를 끊는 데 성공했습니다. 지금은 전혀 담배를 피우

공무원 탐구생활

지 않을 뿐만 아니라 담배를 피우고 싶은 생각도 나지 않습니다.[26]

　미국 오바마 전 대통령도 애연가였다. 한때 말보로 레드를 즐겨 피웠다고 한다. 그가 2006년 대선에 출마할 때 아내 미셸은 "출마 조건으로 담배를 끊어야 한다."고 말했을 정도다. 건강에도 나쁠 뿐만 아니라 유권자들에게도 나쁜 인상을 주기 때문이었다.

　2008년 미 워싱턴 포스트에 '오바마가 담배 피우는 것을 눈감아 주자'라는 제목의 글이 실렸다. 글쓴이 마이클 킨슬리는 "오바마는 슈퍼맨이 아니며, 민주주의 사회에서 통치자와 피통치자가 같은 습관흡연을 갖고 있는 것도 좋은 일이다."라고 언급했다.

　인터넷을 잘 검색해 보면 오바마 대통령이 담배 피우는 사진을 볼 수 있다. 지금까지 오바마가 담배를 끊었다는 이야기는 듣지 못했다. 하지만 미국 TV와 신문은 오바마의 담배 피우는 동영상이나 사진을 보도하지 않았다. 흡연 장면을 방송할 수 없다는 지침 때문이기도 하겠지만, 오바마가 공개된 자리에서는 흡연을 자제했을 수도 있겠고, 담배 피우는 것을 사적인 행동이라고 보아 언론에서 보도하지 않았을 수도 있겠다.

　다음은 조선시대 이옥李鈺, 1760~1815의 이야기다. 이옥, 『연경, 담배의 모든 것』[27]에서 옮겨왔다.

　담배가 처음 들어왔을 때 한담韓菼, (1637~1704, 청나라 강희제 무렵의 사람)이 매우 좋아하였다. 누군가 그에게 물었다. "술과 밥, 담배 가운데 부득이 꼭 버려야 할 것이 있다면 셋 중에서 무엇을 먼저 버리겠소?"

"밥을 버려야지요."

또 물었다.

"부득이 이 둘 중에서 버려야 할 것이 있다면 무엇을 먼저 버리겠소?"

"술을 버려야죠. 술과 밥은 없어도 되지만 담배는 하루라도 없을 수 없소."

이 책에서 이옥은 담배의 쓰임새를 다음과 같이 말하고 있다. 200여 년 전 조선 선비의 글이지만 오늘날 애연가들도 충분히 공감할 수 있는 이야기다.[28]

첫째, 밥 한 사발을 배불리 먹은 뒤에 입에 마늘 냄새와 비린내가 남아 있다. 그때, 바로 한 대를 피우면 위胃가 편해지고 비위脾胃가 회복된다.

둘째, 아침 일찍 일어나 미처 양치질을 하지 않아서 목에 가래가 끓고 침이 텁텁하다. 그때, 바로 한 대를 피우면 씻은 듯 가신다.

셋째, 시름은 많고 생각은 어지러우며, 하릴없이 무료하게 지낸다. 그때, 천천히 한 대를 피우면 술을 마셔 가슴을 씻은 듯하다.

넷째, 술을 너무 많이 마셔 간에 열이 나고 폐가 답답하다. 그때, 서둘러 한 대를 피우면 답답한 기운이 그대로 풀린다.

다섯째, 큰 추위가 찾아와 얼음이 얼고 눈이 내려 수염에도 얼음이 맺히고 입술이 뻣뻣하다. 그때, 몇 대를 연거푸 피우면 뜨거운 탕을 마신 것보다 낫다.

여섯째, 큰비가 내려 길에는 물이 넘치고 습기로 눅눅하여 자리와 옷에는 곰팡이가 핀다. 그때, 여러 대를 피우면 기분이 밝아져서 좋다.

일곱째, 시구詩句를 생각하느라 수염을 비비 꼬고 붓을 물어뜯는다. 그때, 특별히 한 대를 피우면 연기를 따라 시가 절로 나온다.

흡연과 관련하여 흥미 있는 책으로서는 서명숙 씨의『흡연 여성
잔혹사』웅진닷컴, 2004가 생각난다. 그녀는 제주 서귀포에서 태어나 서
울에서 20여 년 언론인 생활을 하다가, 어느 날 과감히 때려치우
고 40일 동안 스페인 산티아고 순례길을 걸었다. 그녀는 산티아고
에서 제주로 돌아와 올레길을 만들었다. 이 책에는 그녀가 대학 다
닐 때 담배 피우는 것을 처음으로 아버지에게 들킨 일, 결혼하고
서 시부모님에게 들킨 일, 임신하여 분만실에 들어가기 전에 연달
아 몇 대를 피웠다는 이야기 등이 재미있게 실려 있다. 지금 그녀
는 담배를 끊었다. 담배를 끊은 다음에 가장 좋았던 점은 나물 맛
을 새롭게 느낄 수 있었던 것이라고 했다. 다음은 이 책 224쪽 내
용이다.

미아리 담배 연기, 님이 피던 그 담배여
담배 연기 앞을 가려, 숨 못 쉬고 헤매일 때
당신은 담배꽁초, 두 손 꽁꽁 묶인 채로
가래 기침 콜록콜록, 울고 넘던 이 고개여
암(癌) 많던… 담배 고개
여보~ 담배 좀 끊어서 살아만 주세요.

보고서를 써야 하는데 생각이 막혀서 진도가 안 나갈 때, 상사로
부터 스트레스를 받을 때, 술 마시고 담배가 당겨서, 혹은 그냥 심

심해서 습관적으로 담배를 찾는 공무원들이 많을 것이다. 당장 담배 끊기를 권한다. 건강은 둘째치고 당신의 동료와 상사가 역겨움을 느끼고 있다. 당신의 입에서는 시궁창 냄새가 난다. 당신만 못느낄 뿐이다. 남들이 말을 하지 않을 뿐이다. 마크 트웨인의 말을 인용하면서 금연 이야기는 여기까지.

"담배를 끊는 일은 아주 쉬운 일이다. 나는 백 번도 넘게 끊었으니까."

운동 부족이 당신을
녹슬게 한다

이 땅의 직장인들은 체력을 경시하면서 살아가고 있다. 학창시절에 가장 등한시했던 것은 체육 과목이었을 것이다. 대학 진학에 별 도움이 안 되었기 때문이다. 힘들게 공무원 시험 공부할 때 운동은 사치스러운 일이었다. 수험생이라면 운동은 낙방을 자초하는 자해행위라고 생각하면서 하루 12시간 이상 책상 앞에 앉아 수험서만 읽었을 것이다.

바늘구멍 같은 시험에 합격하여 주위의 칭찬과 부러움 속에 공무원이 되면 평범한 직장인으로 변모한다. 새벽같이 일어나 아침은 먹는 둥 마는 둥 출근해서 밤늦게까지 사무실 책상에 앉아 컴퓨터를 두들기다 퇴근한다. 일과 후에는 술로 하루를 달랜다. 기분이 좋아서 한 잔, 스트레스 푼다고 한 잔…. 이런 식이다. 집에 와서는 손끝 하나 까딱하지 않는다. 어쩌다 쉬는 주말이면 TV 리모컨을 들고 소파에 누워 병든 닭처럼 꾸벅꾸벅 졸고 있다. 아주 가끔씩 자의 반 타의 반으로 등산을 가면 산 정상에서 한 잔, 내려와서 한 잔. 다음 날 온몸이 뻐근하다. 다음 등산은 언제 갈지 기약이 없다. 꾸준히 하는 운동이라고는 걷기와 숨 쉬기뿐이다. 그래도 날씬하고 잘 빠진 몸매를 가진 사람을 보면 부럽다. 새해 첫날, 운동으로 몸을 만들고 다이어트를 해야겠다는 굳은 결심을 하지만 작심 3일이다.

이렇게 공무원 생활을 계속하다 보면 어느새 배는 임산부처럼 불룩하고 얼굴은 푸석푸석해진다. 변비, 소화불량, 과민성대장증후군, 고혈압 등으로 시달리기도 한다. 이런 증상이 없다면 아직 젊기 때문이다. 머지않아 밤도둑같이 다가올 것이다. 정기 건강 검진을 앞두고서는 은근히 걱정이 밀려온다. 건강검진 결과 별 이상이 없다는 의사의 말에 안도의 한숨을 내쉰다. "하지만 각종 성인병 발생 초기이므로 체력관리를 열심히 하라."는 의사의 말은 한 귀로 듣고 한 귀로 흘려버린다. "건강한 신체에 건강한 정신이 깃든다.", "인생에서 건강이 가장 중요하다."라는 말은 너무나 진부해서 귀에 들어오지도 않는다.

노동자는 노동으로 벌어먹고 산다. 공무원도 노동자다. 자본가는 가만히 있어도 자본이 돈을 벌어주지만 노동자는 체력을 사용해야 돈을 벌 수 있다. 체력이 떨어지면 당신 노동의 품질도 떨어지고, 심하면 당신의 직장 인생뿐만 아니라 당신의 인생이 끝난다. 이런 의미에서 월급쟁이는 몸 팔아서 먹고 사는 사람이다.

드라마 「미생」에서 체력에 대해 다음과 같은 대사가 나온다.

공무원 탐구생활

니가 이루고 싶은 게 있다면 체력을 먼저 길러라.

니가 종종 후반에 무너지는 이유,

대미지를 입은 후에 회복이 더딘 이유,

실수한 후 복구가 더딘 이유,

다 체력의 한계 때문이다.

체력이 약하면 빨리 편안함을 찾게 되고

그러면 인내심이 떨어지고

그리고 그 피로감을 견디지 못하면

승부 따위는 상관없는 지경에 이르지

이기고 싶다면

니 고민을 충분히 견뎌줄 몸을 먼저 만들어.

정신력은 체력의 보호 없이는

구호밖에 안 돼.

직장인이 운동을 해야 하겠다고 생각해서 시작하는 것은 주로 골프다. 20~30년 전만 해도 젊은 직장인들은 테니스로 시작해서 나중에 골프로 종목을 바꾸는 경우가 많았다. 하지만 이제 젊은 직장인들이 처음 시작하는 구기 종목은 골프다. 우리나라에서 골프는 사회적 지위와 부의 상징이다. 한국인의 골프 사랑은 유별나다. 잘 쳐보겠다는 집념, 꾸준한 연습, 뛰어난 손재주가 합쳐져 세계에서 골프 기량이 가장 뛰어난 국민이 되었다. 한국군에서는 군인 골프장을 '군 체력단련장'이라고 한다. 전 세계에서 골프로 체력 단련하는 군대는 대한민국 군대밖에 없을 것이다.

골프는 체력단련에 도움이 되지 않는다. 골프는 바쁜 직장인에게는 절대로 좋은 운동이 아니다. 한쪽으로만 스윙하는 골프는 신체 근육을 균형 있게 사용하지 않는다. 골프가 운동이 되는 것은 3~4시간 걸어 다닐 때인데 이것이 주말에만 가능하다. 한 달에 한두 번 필드에 나가는 것으로 운동했다고 자위하는 주말 골퍼들은 자기만족에 살아가고 있다.

필자는 40세부터 새벽 조깅을 시작했다. 격무와 스트레스로 정신적·체력적으로 힘들 때 우연히 달리기를 시작하였다. 그렇게 시작한 달리기를 지금까지 20여 년간 평생의 운동으로 즐기고 있다. 마라톤 풀코스를 38회 완주하였다. 달리기는 필자에게 많은 선물을 주었다. 첫째, 만성 소화불량과 변비가 완전히 사라졌다. 아침식사가 맛이 있고, 식사량도 많아졌다. 만병의 원인인 변비가 없어지니 얼굴빛이 맑아졌다는 이야기를 듣곤 한다. 둘째, 스트레스가 쌓일 틈이 없다. 마음에 드는 운동을 꾸준히 하는 것은 스트레스 해소에 최고다. 술을 마심으로써 스트레스를 풀려고 하지 않으니 술자리가 건전해졌다. 셋째, 매사에 자신감이 생긴다. 가쁜 숨을 몰아쉬면서 체력의 한계를 느낄 때까지 달리고 나서 샤워를 하고 나면 온몸은 깃털처럼 가볍다. 새벽 운동을 하면 하루 종일 가뿐하다. 넷째, 건강한 몸매를 유지할 수 있다. 뱃살이 나오지 않아서 자신감 있게 옷을 입곤 한다.

접대 골프라는 말은 있지만 접대 달리기란 없다. 필자의 경험을 바탕으로 달리기의 장점을 이야기했지만 모든 운동은 좋은 것이다.

저마다의 사정에 맞는 운동을 선택해서 평생 지속하면 당신의 삶이 바뀔 것이다. 문제는 실천이다. 아는 것은 중요하지 않다. 실천하는 사람이 성공한 사람이다.

일본 소설가 무라카미 하루키는 체력적으로 자기 관리에 철저한 것으로 유명하다. 그는 수영과 마라톤을 죽기 살기로 한다. 마라톤 풀코스를 30여 회 완주한 걸로 알려지고 있다. 그는 체력이 부족하면 글쓰기도 할 수 없다는 신념을 가지고 있다.

공무원 여러분,
부자 되세요

"여러분, 부자 되세요."

몇 년 전, 모 시중은행의 광고문구이다.

필자는 이렇게 이야기하고 싶다.

"공무원 여러분 부자 되세요."

필자의 경험에 의하면 많은 공무원들은 부자 될 생각을 하지 않고 있다. 우리 공직사회는 공무원은 부자 될 생각을 해서는 안 된다는 분위기가 지배하고 있다. 그래서인지 공무원교육원_{공무원인재개발원}에서 부자 되라는 교육 프로그램을 찾아볼 수 없다. 퇴직이 임박했거나 퇴직한 공무원들이 이렇게 말하는 것을 많이 들었다. "진작에 부동산 투자라도 좀 해 놓을 것을…" 하지만 이미 늦었다.

건강은 건강할 때 지켜야 하듯이 돈도 벌 수 있을 때 돈에 관심을 가지고 꾸준히 재산을 불려 나가야 한다. 정부에서는 은퇴를 앞둔 공무원들에게 금융지식을 교육하기도 한다. 하지만 이미 때는 늦었다. 은퇴를 앞둔 공무원들이 아니라 새내기 신입 공무원들에게 금융지식을 가르쳐야 한다. 미국의 많은 대기업들은 신입사원 교육 프로그램에서 '은퇴를 준비하라'고 가르친다. 은퇴는 퇴직을 몇 년 앞두고 하는 것이 아니라 수십 년을 내다보고 미리 준비해야 한다.

필자가 30여 년 공직생활 하는 동안 여러 가지 공무원 교육을 받았지만 금융이나 투자 지식을 가르치는 교육 프로그램은 하나도 없었다. '부자 되라'고 부자 DNA를 심어주려는 선배나 상사도 없었다. 지금까지 우리 공직사회는 '공무원=청렴'이라고 가르쳐 왔다. 조선시대 청백리는 세월을 뛰어넘어 오늘날에도 훌륭한 공직자의 표상이다. 여기에 반대할 생각은 없다. 하지만 '청렴=가난'이라는 생각은 버려야 한다. 자본주의 시장경제 체제하에서 공무원은 평생 가난하게 살아야 한다는 주장에는 동의할 수 없다.

공무원들에게 청렴하게 부자 되는 법을 가르쳐야 한다. 청빈淸貧보다는 청부淸富를 더 높게 평가해야 한다. 이제 대한민국 공무원들은 국민에게 성실히 봉사하면서 청렴하게 부자 되는 방법을 공부하고 부자가 되도록 노력해야 한다.

돈에 관심을 가져야 하는 것은 돈 걱정 없이 살기 위해서다. 돈이 없으면 '돈, 돈' 하면서 돈의 노예가 되어 살아가야 한다. 돈을 무시하면 돈이 당신을 무시한다. 돈이 있으면 행복한가, 행복하기 위해서는 돈이 얼마나 필요한가, 라는 질문은 논외로 하자. 여기서는 오로지 돈에 대해서만 생각해 보기로 한다.

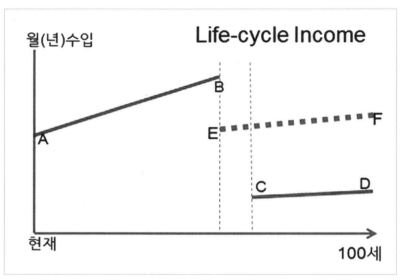

공무원을 위한 생애 소득 그래프

　이 그림은 공무원의 생애 소득 그래프를 그려 본 것이다. X축은 시간(나이)을, Y축은 근로소득을 나타낸다. 점 A에서 공직을 시작하여 점 B에 퇴직한다고 하자. 선분 AB가 양(+)의 기울기를 가지는 것은 처우 개선, 호봉 인상, 직급 상승 등으로 월급이 조금씩 오르는 것을 나타내고 있다. 선분 CD는 연금소득의 흐름을 나타낸다. 점 C에서 연금을 받기 시작하면 죽을 때까지 연금이 나온다. 문제는 점 B와 점 C에 시간적 간극이 있다는 것이다. 필자의 경우 퇴직과 동시에 연금을 받기 시작했다. 즉 점 B와 점 C의 X좌표 값이 동일하였다. 하지만 2015년 공무원 연금개혁으로 젊은 공무원일수록 점 B와 점 C가 멀어지게 되었다. 이 그림은 두 가지를 시사하고 있다. 첫째, 퇴직 후 연금지급이 개시될 때까지의 소득절벽 기간 동안 무엇을 먹고살 것인지를 고민해야 한다. 둘째, 당신의 연금소득은 행복한 노후생활을 보장할 만한 수준인가? 당신은 연금소득에 만족하며 살아갈 수 있는가?

우리는 인생 100세 시대를 맞이하고 있다. 가난한 100세 인생은 축복이 아니라 재앙이다. 행복한 100세 인생을 위해서는 퇴직하기 전에 죽을 때까지 먹고살 수 있는 재무구조를 만들어 놓아야 한다. 그렇지 않다면 당신은 퇴직 후에도 고단한 돈벌이에 나서야 한다. 돈벌이가 시원찮으면 '노인 파산'을 당해 '하류 노인'으로 전락한다. 연금 개혁으로 확 줄어든 연금에 만족하며 살아가겠다고 한다면 할 말은 없다.

퇴직한 다음 날부터 100세까지 퇴직하기 직전 연봉의 약 절반 이상의 현금 수입이 꾸준히 발생하는 재무구조를 만든다면 당신은 돈 걱정 없는 100세 인생을 살 수 있다. 이 정도 이룩한 사람은 부자 공무원이라고 하고 싶다. 이 목표 달성이 쉽지는 않지만 불가능한 것도 아니다. 이 정도에 만족하지 못하고 더 많은 돈이 필요하다면 공직을 그만두고 장사나 사업을 하는 것이 좋다.

부자가 되면 고위공무원이 되는 데 걸림돌이 되지 않을까 걱정할 공무원도 없지 않겠다. 하지만 법과 규정을 지키면서 세금 낼 것 다 내면서 재산을 증식하는 것은 문제가 되지 않는다. 오히려 청부淸富한 공무원으로 평가해 주어야 하지 않을까. 청와대에서 공직후보자를 발표하자마자 공직후보자에 대한 국회의 자료 요구가 인사청문회 준비팀으로 쓰나미같이 몰려온다. 이러한 자료 요구 목록은 거의 정형화, 표준화되어 있다. 다음은 인사청문회를 준비하는 국회의원실에서 예외 없이 요구하는 자료 목록이다.

- 공직후보자의 과거 고위공직자로서 재산 신고한 내역 일체: 최초 신고부터 퇴직 때 신고한 것까지 일체
- 공직후보자의 배우자, 직계 존·비속의 부동산 거래 내역_{거래 시기, 실거래 금액, 신고 금액}
- 공직후보자와 배우자, 직계 존·비속의 근로소득 원천징수 영수증
- 공직후보자 본인의 사외이사 및 고문 경력과 소득 원천징수 영수증
- 공직후보자의 배우자, 직계 존·비속의 최근 10년간 환전 및 외화송금 내역, 현재 외화 저축 내역
- 공직후보자와 배우자, 직계 존·비속의 최근 10년간 출입국 기록 내역, 공항 면세점 이용 내역, 주식 및 증권 거래 내역
- 공직후보자와 배우자, 직계 존·비속의 교통법규 위반, 범죄 경력, 기초질서 위반, 범칙금 내역 일체
- 공직후보자와 배우자, 직계 존·비속의 최근 10년간 정치자금을 포함한 기부 내역
- 공직후보자와 배우자, 직계 존·비속의 최근 10년간 국민연금 납부 현황
- 공직후보자 아들의 군 복무 부대, 보직, 직책, 주특기, 휴가/외박/외출 내역

공무원 탐구생활

이제 공무원으로서 부자 되는 다섯 가지 원칙을 소개한다. 첫째, 경제공부를 해야 한다. 그것도 평생토록. 경제 전문가라고 해서 모두 부자가 되는 것은 아니지만 경제를 모르고서 부자가 될 수는 없다. 시중 서점에는 금융·투자 및 재테크에 관한 책이 넘쳐나고 있다. 당신이 관심과 흥미를 가지는 분야의 서적을 꾸준히 읽어라. 경제신문을 평생 구독하기 바란다. 스마트폰으로 경제기사를 보지 말고 종이 경제신문을 매일매일 읽어라. 이렇게 10년 이상 꾸준히 노력한다면 특정 분야에서는 전문가 수준이 될 것이다. 100명의 부자는 100가지 부자 된 방법이 있다. 경제는 분야가 방대하기 때문에 모든 분야에 정통할 수도 없고 그럴 필요는 없다. 당신이 좋아하고 관심 있는 분야에 경제 공부를 평생토록 지속하라.

둘째, 종잣돈을 모아라. 1천만 원을 모아본 사람이 2천만 원을 모을 수 있다. 2천만 원을 모아본 사람이 5천만 원을 모을 수 있고, 5천만 원을 모아본 사람이 1억 원을 모을 수 있다. 그다음부터는 저축이 아닌 다른 방법으로 투자를 해 가나면 된다. 종잣돈은 부자가 되기 위한 마중물이다.

셋째, 투기投機를 하지 말고 투자投資를 하라. 투자와 투기는 어떻게 다를까. 내가 하면 투자고 남이 하면 투기라는 말도 있다. 이른바 '내로남불'이다. 하지만 이것은 정답이 아니다. 워렌 버핏은 투자와 투기를 이렇게 정의한 바 있다. "가치와 가격을 구분해서, 가치보다 가격이 낮은 것을 사면 투자이고, 둘을 구분하지 못하거나 가격만 보고 사면 투기다." 이것도 따지고 보면 상식과도 같은 말이다. 가치value는 미래의 개념이고 가격price은 현재의 개념이다. 현재가격보다 미래가치에 오를 가능성이 있으면 부동산이건 주식이건 사야 하는 것은 당연하다. 현재의 가치는 누구나 알 수 있다. 미래의 가치를 알아차리는 것이 투자의 안목이다.

워렌 버핏의 말은, 앞으로 가격이 오를 것에 투자하라는 것이다. 워렌 버핏은 말했다. "어떤 주식을 10년 동안 소유하지 않을 생각이라면 단 10분도 가질 생각을 하지 마라." 좋은 기업을 선택하여 미래 가치를 보고 여유자금으로 주식을 꾸준히 사 모아서 오래도록 보유하는 것이 주식 투자의 원칙이다.

힘들게 공직생활해서 한 푼 두 푼 모은 돈은 피와 같고 살과 같은 것이다. 이렇게 피땀으로 모은 돈을 큰 수익을 기대하여 리스크가 큰 곳에 몰빵 하는 것은 투자가 아니라 투기다. 이 세상에 일확천금은 없다. 분에 넘치는 투자는 하지 말아야 한다. 안정적이고 확실한 곳에 투자하는 습관을 길러야 한다. 이를 위해서는 투자에 대한 철학과 소신이 있어야 한다. 올바른 투자 철학이 있어야 성공한다. 이는 꾸준한 경제 공부를 통해 내공이 쌓여야 가능하다.

넷째, 합법적으로 투자하라. 오늘날 모든 거래는 금융기관, 국세청, 법원등기부 등에 전산 기록되고 영구히 저장된다. 특히 부동산 거래는 그러하다. 부동산 거래 실명제 덕분에 모든 거래는 투명하게 노출될 수밖에 없다. 금융이나 부동산 거래에서 불법의 유혹을 가진다면 그것은 세금을 적게 내려는 욕심 때문이다. 하지만 세금을 내는 것을 즐겁게 생각해야 한다. 소득이 발생했기 때문에 세금을 내는 것이다. 손해 보았다면 세금 낼 일도 없다. 세금을 내면 국세청과 지방자치단체의 기록으로 남아 정당한 재산 취득의 증명이 된다.

다섯째, 청렴을 다시 강조한다. 빨리, 크게 돈을 벌고 싶다는 성급한 욕심이 앞서면 부패 공직자의 길로 들어설 가능성이 많다. 공직자의 주변에는 유혹이 항상 도사리고 있다. 뇌물이나 향응을 받아 교도소에 간 공직자들은 한결같이 조그마한 자기 합리화에서부터 부패의 길로 들어섰다. 오로지 월급만 가지고 성실하고 청렴한 공직생활을 하면서 건전한 투자를 해야 한다.

부자 되는 원칙은 여기까지 하고, 부자 수익의 공식을 소개한다.

수익 = A x B x C

여기서 A는 투자금^{종잣돈}, B는 이자율, C는 기간^년이다. 많은 공직자들은 종잣돈^A이 많지 않을 것이다. 초저금리 시대여서 B 또한 매우 낮다. 하지만 A와 B가 작더라도 C가 크면 수익은 커진다. 지금 막 시험에 합격하여 공무원이 된 경우 C는 20~30년이 될 수 있다. 하루라도 빨리 실천하는 것이 중요하다. 퇴직 공무원보다는 젊은 공무원들에게 경제 공부를 시켜야 하는 이유다.

로마의 아우구스투스 황제는 말했다.
"천천히 서둘러라_{Hurry up slowly}."
유대인 랍비의 속담에 이런 말이 있다.
"자식에게 장사를 가르치지 않는 것은 자식에게 도둑질을 가르치는 것과 같다."

다음은 정호승 시인의 시 '내가 사랑하는 사람'을 패러디 한 것이다. 인터넷에 돌아다니는 것을 조금 더 각색했다. 우리나라 당대 최고의 시인의 시를 패러디 한 것에 대해 양해 바란다.

나는 돈이 없는 사람을 사랑하지 않는다

나는 돈을 사랑하지 않는 사람을 사랑하지 않는다

나는 한 다발의 돈이 된 사람을 사랑한다

햇빛도 돈이 있어야 맑고 눈이 부시다

돈 더미 위에 앉아

나뭇잎 사이로 반짝이는 햇살을 바라보면

세상은 그 얼마나 아름다운가

나는 재력이 없는 사람을 사랑하지 않는다

나는 재력을 사랑하지 않는 사람을 사랑하지 않는다

나는 많은 재력이 있는 사람을 사랑한다

기쁨도 재력이 없으면 기쁨이 아니다

사랑도 재력 없는 사랑이 어디 있는가

돈 더미 위에 앉아

다른 사람에게 한 다발 돈뭉치를 건네는 사람의 모습은

그 얼마나 풍요로운 아름다움인가

공무원 탐구생활

공무원
탐구생활

그래도 공무원, 당신만을 믿습니다

　시험에 합격하고 주위의 축하와 부러움 속에서 공직을 시작한다. 하지만 기쁨과 감격은 오래가지 않는다. 평범한 직장인이자 월급쟁이가 되는 것이다. 할 일은 태산 같고 책임질 일만 많다. 승진은 까마득하다. 9급으로 공직을 시작했다면 5급 사무관까지 승진하는데 대략 30년이 걸린다. 7급 공무원 시험에 합격했다면 퇴직할 때까지 4급 과장 되기도 하늘의 별 따기다. 10년에 한 직급 승진하기도 만만치 않다. 아버지뻘 되는 상사는 꼰대질만 해 댄다. 세대 차도 이런 세대 차가 있을 것이라고는 생각도 못 했다.

　업무는 스트레스의 연속이다. 그렇다고 월급이 많은 것도 아니고 월차나 연간 휴가를 제대로 찾아 먹을 수 있는 것도 아니다. 법정 휴가를 그대로 찾아 먹기라도 하면 휴가지에서 은근히 걱정이 된다. 누가 내 책상을 빼지나 않을까? 국민들이 공무원을 존경해 준다고? 천만에 말씀이다. 국민들은 추상적인 개념이니 생략하자.

언론, 시민단체, 그리고 이익집단들은 공무원 머리 위에 올라 앉아 있다.

요즘 공무원 공채시험에서는 3차 면접도 중요하다. 필자가 시험 면접관으로 갈 때마다 개별 면접 마지막 순간에 수험생들에게 말한다.

"여기까지 오시느라 많이 힘들었을 것이고 많은 준비를 하셨을 것입니다. 마지막으로 꼭 하고 싶은 말이 있다면 하셔도 좋습니다."

면접에서 마지막 한마디를 준비하지 않은 수험생은 없다. 그중에서 필자가 들은 몇 가지를 소개해 본다.

- 『목민심서』에 '법과 국민을 두려워하라'는 말이 있습니다. 공무원이 되면 '두려워할 외畏'를 잊지 않으면서 불의에 항거하고 국민에게 봉사하는 공무원이 되겠습니다.
- 홀어머니 밑에서 지금까지 성장해 오면서 국가와 사회로부터 많은 도움을 받았습니다. 그 혜택을 사회에 다시 반환하겠다는 다짐으로 공무원이 되고자 합니다.
- 정약용 선생께서는 '선공후사先公後私'를 강조하시면서 하늘이 공직을 낼 때 귀함이 아니라 백성의 소리를 듣고 봉사하는 마음을 가져야 한다고 말씀하셨습니다. 이를 실천하는 공직자가 되고자 합니다.
- 공무원 시험은 똑똑한 사람을 뽑는다기보다는 인내심이 강한 사람을 선호하는 것 같습니다. 그동안 힘들었지만 훌륭한 공

무원이 되어 국가를 위해 봉사하고 싶습니다.

이 발언들은 미리 준비된 모범답안일 수 있다. 이 말대로 국가와 사회에 봉사하는 공무원이 될지는 알 수 없다. 하지만 대한민국에서 이렇게 이야기하는 것이 공무원 시험 아니고 어디 있겠는가. 국가관과 봉사정신이 없으면 공무원이 되어서는 안 된다는 것은 잘 알지만 이를 객관적으로 확인할 길이 없다. 면접시험을 아무리 오래 하고 정교하게 하여도 미래 공직자로서의 자세를 완전히 평가할 수 없다. 면접도 중요하지만 시험에 합격하여 공직생활을 하는 동안 자신도 모르게 국민의 봉사자라는 생각이 굳어지게 하는 것이 중요하다.

훌륭한 공직자는 시험으로 뽑히는 것이라기보다는 꾸준히 만들어져 가는 것이다. 공무원 개개인이 노력해야 하겠지만 국가관이 투철하고 봉사정신이 높은 공직자에게 더 많은 기회가 돌아가는 인사 시스템을 마련해야 한다. 지금 공시생들은 편하고 돈 많이 준다고 공무원이 되겠다고 몰려든다고 할 수도 있지만 이들이 공직에 들어와서 훌륭한 공직자로 성장해 나갈 것으로 기대한다.

그래도 대한민국에서 국가와 민족, 국민과 사회를 생각하고 헌신과 봉사를 실천하고자 하는 것은 공무원뿐이다. 정치인은 본능적으로 포퓰리즘으로 움직인다. 선거를 생각하고, 지역구 이익을 우선한다. 기업은 이윤을 추구한다. 그렇지 않는 기업은 파산한다. 이익단체들은 자신의 이익만을 앞세운다. 비정부조직이나 시민단체도 알고 보면 자기 집단의 사고를 우선한다.

이러한 상황에서 그래도 대한민국이 믿을 것은 공무원밖에 없다. 승진이 늦어도, 봉급이 적어도, 일이 힘들어도 이 땅의 많은 공무원은 공직을 소명 또는 천직이라고 생각하고 일하고 있다. 정치권과 시민단체의 입김에 휘둘리기도 하지만, 국민으로부터 존경을 받을 것이라고는 생각조차도 하지 않지만 '국가와 사회를 위해 무엇이 바람직한가?'라는 잣대를 가지고 하루하루 일하고 있다. 정권은 유한하고 대통령도 5년만 하면 물러난다. 정당은 생겼다가 없어지기도 하고 정치인들은 이합집산하기도 한다. 대한민국에는 공무원이 있어서 다행이다. 공무원 여러분, 당신만을 믿습니다.

[미주]

1)

구분			현원(명)	비율(%)
합계			1,046,487	
행정부	계		1,021,402	
	국가 공무원	소계	650,149	
		정무직	117	
		일반직	160,159	
		특정직 소계	489,594	
		특정직 외무	1,852	
		특정직 경찰	124,960	
		특정직 소방	542	
		특정직 검사	2,059	
		특정직 교육	360,181	
		별정직	279	
	지방공무원 (지방자치+교육자치)		371,253	
	입법부		4,300	
	사법부		17,349	
	헌법재판소		320	
	중앙선거관리위원회		3,026	

전체 공무원 현원 구성(2016년 12월 말 기준, 『2017 인사혁신 통계연보』 참조)

2) 2013년 직종 개편에 따라 기능직과 계약직은 일반직으로 별정직은 일반직과 별정직으로 개편되었다. 이에 따른 정확한 통계가 부족하여 대략 계산하였다.

3) 나중에 군 검찰은 이른바 공관병 갑질에 대해서는 무혐의 처분을 내렸다. 여론재판의 유죄 추정원칙 덕분에 무혐의 처분에도 불구하고 그의 명예는 실추될 대로 실추되었다. 이 사건 은 시민단체인 군인권센터의 언론 발표를 통해 국민에게 알려졌다. 군인권센터는 2017년 7월 31일 '[긴급보도자료] 육군 대장 가족의 노예로 전락한 공관병'이라는 보도자료를 언 론에 배포했다. 군인권센터는 그로부터 일주일 동안 5건의 보도자료를 더 배포했고, 그때 마다 새로운 내용이 폭로되었다. 갑질 피해를 받은 공관병들이 찾아간 곳은 군대가 아니라 민간단체인 군인권센터였다는 점은 안타까운 일이다.

4)

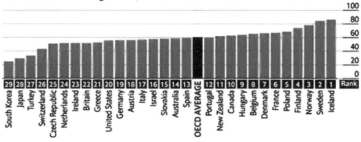

The glass-ceiling index

Environment for working women, 2016 or latest, 100=best

2017년 5월 이코노미스트Economist가 발표한 유리천장지수Glass-ceiling Index. 우리나라는 100점 만점에 25점대로 OEDCD 29개국 중에서 꼴찌다.
출처: https://www.economist.com/blogs/graphicdetail/2017/03/daily-chart-0(2018.1.11.검색)

5) 박태현, 『부하직원들이 말하지 않는 진실』(책비, 2014), pp. 147~149.

6) 대한민국 정부, 『천안함 피격 사건 백서』(2011.3.26.)

7) 보건복지부, 『2015 메르스 백서』(2015), p. 428.

8) 박태현, 『부하직원이 말하지 않는 진실』(책비, 2014) pp. 141~142.

9) 박지종, 『유재석 배우기』(북랩book, 2015), pp. 38~39.

10) 레리 바크, 키트 왓슨, 『마음을 사로잡는 경청의 힘』(윤정숙 옮김, 도서출판 이아소, 2005) 참조

11) 시오노 나나미, 『나의 인생은 영화관에서 시작되었다』(한길사, 2002), p. 278.

12) 대한민국 정부, 『천안함 피격 사건 백서』(2011.3.26.), pp. 56~57.

13) 보건복지부, 전게서, p. 428.

14) 이홍, 『지식점프』(삼성경제연구소, 2004), pp. 69~70.

15) 김윤권, '정부 3.0의 이론적 연구' 『행정논총』 제54권 제3호, 2016.9월, p. 60.

16) 이덕일, 『조선 왕을 말한다』(위즈덤하우스, 2010)

17) 임종인, 장화식, 『법률사무소 김앤장』(후마니타스 펴냄, 2008), pp 44~45.

18) 김정운, 『나는 아내와의 결혼을 후회한다』(쌤앤파커스, 2009), p. 181

19) 노태우, 『노태우 회고록-상권』(조선뉴스프레스, 2011), pp. 303~304

20) 이 내용은 졸저 『국방을 보면 대한민국이 보인다』(2017) pp 271~277쪽에서 옮겨 온 것이다.

21) 이주희, 『보좌관』(도서출판 함께맞는비, 2012), pp. 83~84

22) 이범준, 『헌법재판소, 한국현대사를 말하다』(궁리출판, 2009), p. 364

23) 김지룡, 『사물의 민낯』(애플북스, 2012), p. 97~100

24) 최원석, 『왜 다시 도요타인가』(더퀘스트, 2016), p. 61

25) 김지룡, 『사물의 민낯』(애플북스 펴냄, 2012), pp. 381~382

26) 김대중, 『다시, 새로운 시작을 위하여』(김영사, 2007), pp. 33~36

27)이옥, 『연경, 담배의 모든 것』(안대희 옮김, 휴머니스트, 2008), p.70.

이 책은 조선시대 선비 이옥(1760~1815)이 1810년에 지은 글을 안대희 교수가 우리말로 옮긴 것이다 이는 한문으로 다음과 같다. 烟之始, 韓菼業嗜之, 惑問: "酒食烟三者, 必不得己, 去於斯三者, 奚先?" 曰: "去食." 又問曰: "必不得己, 去於斯二者, 奚先?" 曰: "去酒, 酒食可無, 烟不可一日無."

28) 이옥, 전게서, pp. 104~106.

나라의 든든한 버팀목인
공무원 여러분들께 행복과 긍정의 에너지가
팡팡팡 샘솟으시기를 기원드립니다!

권선복
도서출판 행복에너지 대표이사
한국정책학회 운영이사

요즘 신의 직업이라고 하면 모두들 공무원을 꼽습니다. 직업의
안정성, 정년의 보장, 각종 복지 혜택, 연금 등등 취업이 험난해진
지금의 세태 속에서 이 여러 가지 면들은 너 나 할 것 없이 공무원 시
험에 뛰어들게끔 만들고 있습니다. 지금도 우리 청년들은 고시원이나
학원에서 오로지 '공무원 시험'만을 위한 준비를 하고 있습니다.

그렇다면 '공무원'은 정말 신의 직업이며, 공무원의 일터는 꿈의
직장일까요? 물론 개개인마다 생각이 다르겠지만, 저자는 일단 비

판적인 시각으로 공무원을 바라보기를 원하고 있습니다. 저자는 실제 공무원 생활을 한 후 퇴직했고, 그 누구보다도 공무원에 대한 애정의 시각을 가지고 이 책을 썼습니다. 특히 여러 시각에서 살펴본 공무원의 모습과 가져야 할 소양에 대해서도 자세히 서술하고 있으며, '공무원'이라는 직업에 대한 날카로운 지적과 따뜻한 애정이 적절히 버무려진 완성도 높은 책이라 단언해 봅니다.

국민을 위해 헌신과 봉사를 아끼지 않는 사람들! 바로 그들이 보이지 않는 곳에서도 지금도 열심히 노력하고 있는 대한민국 '공무원'입니다. 이 책이 공무원을 꿈꾸는 사람들, 또 공무원에 대한 막연한 동경을 가지고 있는 사람들, 혹은 공무원에 대한 부정적인 시선을 갖고 있는 사람들 모두에게 긍정적인 생각의 전환을 가져다주기를 기대하며, 독자분들의 삶에 행복과 긍정의 에너지가 팡팡팡 샘솟으시기를 기원드립니다.

뉴스와 콩글리시

김우룡 지음 | 값 20,000원

이 책 『뉴스와 콩글리시』는 TV 뉴스와 신문으로 대표되는 저널리즘 속 콩글리시들의 뜻과 어원에 대해 탐색하고 해당 콩글리시에 대응되는 영어 표현을 찾아내는 한편 해당 영어 표현의 사용례를 다양하게 제시하기도 한다. 이러한 과정 속에서 독자들은 해당 영어 단어가 가진 배경과 역사, 문화 등 다양한 인문학적 지식을 알 수 있게 된다. 또한 많은 분들의 창의적이면서도 올바른 글로벌 영어 습관 기르기에 도움을 줄 수 있을 것이다.

장누수가 당신을 망친다

후지타고이치로 지음/ 임순모 옮김 | 값 17,000원

책 『腸(장) 누수』가 당신을 망친다』에서는 생소한 용어인 장 누수에 관해 소개하고 장 누수로부터 일어나는 각종 문제를 설명하고 있다. 다년간 도쿄대 의대 교수로 재직했던 저자가 스스로 만들어 낸 장 건강을 회복하는 레시피를 담고 있어 자극적인 식습관과 음주로 인해 여러 합병증을 겪는 현대인들에게 새로운 식생활 및 습관을 실천하는 데 지침을 줄 것이다.

땅가진 거지 부자만들기

전재천, 박현선 지음 | 값 25,000원

이 책 『땅 가진 거지 부자 만들기 Ⅱ』는 이렇게 '땅 가진 거지'가 되지 않도록 부동산 투자에 꼭 필요한 지식을 설명해 주는 동시에 아무 쓸모없다고 생각하는 땅도 발상의 전환에 따라 '금싸라기 땅'이 될 수 있다는 것을 보여주는 책이다. 특히 이 책이 강조하는 건 토지 매입과 개발의 기본 방향, 주택시장의 변화와 흐름, 땅의 종류와 관련 법령에 따른 개발 여부, 개발 불가능으로 여겨진 '버려진 땅'을 철저히 분석하여 '금싸라기 땅'으로 만드는 방법 등의 실질적인 부동산 투자 관련 지식이다.

아파도 괜찮아

진정주 지음 | 값 15,000원

이 책 『아파도 괜찮아』는 한의학의 한 갈래이지만 우리에게는 낯선 '고방'의 '음양허실' 이론과 서양의학의 호르몬 이론, 심리학적인 스트레스 관리 등을 통해 기존의 의학 및 한의학으로 쉽게 치료하기 어려운 '일상적인 고통'을 치료하는 방법을 제시한다. 또한 이론을 앞세우기보다는 저자의 처방을 통해 실제로 오랫동안 고통 받았던 증상에서 치유된 사람들의 이야기를 먼저 전달하며 독자의 흥미를 돋운다.

역전한 인생 여전한 인생

구건서 지음 | 값 15,000원

이 책 『역전한 인생 VS 여전한 인생』은 '인생의 내비게이션'이라는 개념을 통해 누구나 자신의 인생 설계도를 만들어 나갈 수 있도록 돕는다. 또한 고민하는 독자들을 위해 구건서 저자는 꿈 · 관계 · 도전 · 재능 · 행동 · 기본 · 준비 · 열정이라는 8가지 핵심 키워드를 제시한다. 이 핵심 키워드들은 어렸을 때부터 가난의 고통으로 하루하루를 보냈고 수많은 역경을 겪으면서도 법률전문가이자 법학박사로서 '인생 역전'에 성공한 저자의 경험을 그대로 녹여 낸 핵심 자료라고 할 수 있다.

대학생 진로와 마주하다

이원희 지음 | 값 15,000원

『대학생, 진로와 마주하다』는 방황하고 있는 청춘들에게 진정한 '진로'와 '꿈'을 심어주기 위한 책이다. 현재 대학에서 진로 지도교수로 재직 중인 저자가 집필한 만큼 학생들이 공통적으로 갖고 있는 고민거리에 대해 따뜻하게 조언하고 격려해 주는 '인생 선배'를 만날 수 있으며, 내 삶을 주인공으로 살기 위해 어떤 방향으로 나아가야 하는지 도움을 준다.

하루 5분 나를 바꾸는 긍정훈련
행복에너지

**'긍정훈련' 당신의 삶을
행복으로 인도할
최고의, 최후의 '멘토'**

'행복에너지
권선복 대표이사'가 전하는
행복과 긍정의 에너지,
그 삶의 이야기!

인터파크
자기계발 분야 주간
베스트 1위

권선복 지음 | 15,000원

권선복

도서출판 행복에너지 대표
영상고등학교 운영위원장
대통령직속 지역발전위원회
문화복지 전문위원
새마을문고 서울시 강서구 회장
전) 팔팔컴퓨터 전산학원장
전) 강서구의회(도시건설위원장)
아주대학교 공공정책대학원 졸업
충남 논산 출생

책 『하루 5분, 나를 바꾸는 긍정훈련 - 행복에너지』는 '긍정훈련' 과정을 통해 삶을 업그레이드하고 행복을 찾아 나설 것을 독자에게 독려한다.
긍정훈련 과정은 [예행연습] [워밍업] [실전] [강화] [숨고르기] [마무리] 등 총 6단계로 나뉘어 각 단계별 사례를 바탕으로 독자 스스로가 느끼고 배운 것을 직접 실천할 수 있게 하는 데 그 목적을 두고 있다.
그동안 우리가 숱하게 '긍정하는 방법'에 대해 배워왔으면서도 정작 삶에 적용시키지 못했던 것은, 머리로만 이해하고 실천으로는 옮기지 않았기 때문이다. 이제 삶을 행복하고 아름답게 가꿀 긍정과의 여정, 그 시작을 책과 함께해 보자.

『하루 5분, 나를 바꾸는 긍정훈련 - 행복에너지』